Verbraucher als Kreditnehmer in Zeiten der Finanzmarktkrise

Ralph Edgar Berens

Verbraucher als Kreditnehmer in Zeiten der Finanzmarktkrise

Ökonomische und rechtliche Schutzkonzeptionen in Theorie und Praxis

PETER LANG
Frankfurt am Main · Berlin · Bern · Bruxelles · New York · Oxford · Wien

Bibliografische Information der Deutschen Nationalbibliothek
Die Deutsche Nationalbibliothek verzeichnet diese Publikation in der Deutschen Nationalbibliografie; detaillierte bibliografische Daten sind im Internet über http://dnb.d-nb.de abrufbar.

Umschlaggestaltung:
© Olaf Gloeckler, Atelier Platen, Friedberg

Gedruckt auf alterungsbeständigem,
säurefreiem Papier.

ISBN 978-3-631-63012-9

www.peterlang.de

Im Gedenken an meine Eltern

Vorwort

Die vorliegende Untersuchung entstand während der Jahre 2009 und 2010. Aus Aktualisierungsgründen habe ich mich entschlossen, Literatur und Rechtsprechung bis einschließlich Juni 2011 noch zu berücksichtigen.

Die Untersuchungsthematik als solche dürfte sowohl die Wirtschaftspolitik als auch die Verbraucherpolitik in Theorie und Praxis noch längere Zeit beschäftigen. Der Erkenntnisstand, den die Arbeit zu vermitteln versucht, kann daher nicht mehr als den Charakter einer Momentaufnahme haben. Gerade in der Finanzwelt stehen die Zeichen auf Veränderung. Die Neuregulierung des Finanzsystems, so zwingend diese geboten erscheint, ist erst am Anfang. Auf die Regulatoren dürfte in nächster Zeit noch viel Arbeit zukommen.

Abschließend danken möchte ich Frau Assessorin Joélle Bremicker, die mir freundlicherweise bei der Überarbeitung des Manuskripts in technischer Hinsicht wertvolle Dienste geleistet hat.

Wolfenbüttel / Bad Homburg v.d.H., Juli 2011 — Ralph Edgar Berens

Inhaltsverzeichnis

Abkürzungsverzeichnis

A. A.	Anderer Auffassung
Abb.	Abbildung
ABS	Asset Backed Securities
Abs.	Absatz
AEUV	Vertrag über die Arbeitsweise der Europäischen Union
a. F.	alte Fassung
AIG	American International Group
AnwBl.	Anwaltsblatt
Art.	Artikel
BaFin	Bundesanstalt für Finanzdienstleistungsaufsicht
BB	Der Betriebs-Berater
BGB	Bürgerliches Gesetzbuch
BGB-InfoV	BGB-Informationspflichten-Verordnung
BGBl. I	Bundesgesetzblatt Teil I
BGH	Bundesgerichtshof
BGHZ	Entscheidungen des Bundesgerichtshofs in Zivilsachen
BIP	Bruttoinlandsprodukt
BIZ	Bank für Internationalen Zahlungsausgleich
BKR	Zeitschrift für Bank- und Kapitalmarktrecht
BT-Drs.	Bundestagsdrucksache
CDS	Credit Default Swap
D. h.	Das heißt
DIHK	Deutsche Industrie- und Handelskammer
DIW	Deutsches Institut für Wirtschaftsforschung

EGBGB	Einführungsgesetz zum Bürgerlichen Gesetzbuch
ESZB	Europäisches System der Zentralbanken
EUV	Vertrag über die Europäische Union i. d. F. von Lissabon
EZB	Europäische Zentralbank
f.	folgende Seite
FAZ	Frankfurter Allgemeine Zeitung
FED	Federal Reserve, US-amerikanische Notenbank
ff.	fortfolgende Seiten
FMA	Finanzmarktstabilisierungsanstalt
FMStG	Finanzmarktstabilisierungsgesetz
Fn.	Fußnote
GfK	Gesellschaft für Konsumforschung
HGB	Handelsgesetzbuch
h. M.	herrschende Meinung
Hrsg.	Herausgeber
HWWI	Hamburgisches WeltWirtschaftsInstitut
iff	Institut für Finanzdienstleistungen e. V.
InsO	Insolvenzordnung
i.S.v.	im Sinne von
JR	Juristische Rundschau
KfW	Kreditanstalt für Wiederaufbau
KWG	Kreditwesengesetz
LG	Landgericht
lit.	Kürzel für Buchstabenbezeichnung
MBS	Mortgage Backed Securities
MDR	Monatszeitschrift für Deutsches Recht
Mio.	Millionen

Mrd.	Milliarden
m.w.N.	mit weiteren Nachweisen
n. F.	neue Fassung
NJW	Neue Juristische Wochenschrift
NJW-RR	NJW-Rechtsprechungs-Report Zivilrecht
NPL	Non Performing Loans
OLG	Oberlandesgericht
o. V.	ohne Verfasserangabe
PAngVO	Preisangabenverordnung
PWP	Perspektiven der Wirtschaftspolitik
Rn.	Randnummer
SoFFin	Sonderfonds Finanzmarktstabilisierung
SPV	Special Purpose Vehicles
UmwG	Umwandlungsgesetz
vgl.	vergleiche
VuR	Verbraucher und Recht
WiSt	Wirtschaftswissenschaftliches Studium
WISU	Das Wirtschaftsstudium
WM	Zeitschrift für Wirtschafts- und Bankrecht, (Wertpapierliche Mitteilungen)
WSI	Wirtschafts- und Sozialwissenschaftliches Institut des Deutschen Gewerkschaftsbundes
ZfB	Zeitschrift für Betriebswirtschaft
zfbf	Schmalenbachs Zeitschrift für die betriebswirtschaftliche Forschung
ZPO	Zivilprozessordnung
ZVG	Gesetz über die Versteigerung und die Zwangsverwaltung

1. Teil: Einführung in die Problematik sowie Gang der Untersuchung

Noch vor der Finanzmarktkrise von 2007/2008 wurde die These vertreten, führende Industrienationen würde in absehbarer Zeit keine weitere Finanzkrise mehr treffen, da die Banken Kredite selektiver als früher vergeben würden und sich die Rahmenbedingungen des makroökonomischen Bankenumfelds verbessert hätten[1]. Doch mit jener vermeintlichen „neuen Unbesiegbarkeit der geldpolitischen Institutionen“ war es nicht so weit her, wie man spätestens seit dem Herbst 2007 weis. In wirtschaftstheoretischer Hinsicht lassen sich mit *Erlei*[2] die folgenden *vier wirtschaftspolitisch relevanten Faktoren* für den Ausbruch der Finanzmarkt- und Wirtschaftskrise verantwortlich machen. Erstens wird den westlichen Notenbanken vorgeworfen, sie hätten eine *zu expansive Geldpolitik* betrieben. Zweitens bestünden zwischen den mächtigsten Wirtschaftsnationen *erhebliche Außenhandelsungleichgewichtslagen*, welche den Ausbruch der Krise begünstigt hätten. Drittens hätte es auch an der als verfehlt angesehenen *US-amerikanischen Immobilienpolitik* gelegen, weshalb sich jene Immobilienpreisblase überhaupt hätte bilden können, mit deren Platzen die Krise ihren Anfang genommen habe. Je nach der volkswirtschaftlichen Lagerzuordnung der Kritiker nehmen die ersten drei genannten Faktoren eine mehr oder weniger zentrale Bedeutung bei der Suche nach den Ursachen ein. Viertens, und darüber herrscht weitgehend Einigkeit, seien auch die *intransparenten Finanzmarktinstrumente* mit Schuld daran, dass es zum Ausbruch eben jener Krise gekommen sei.

In der Tat wird in Fachkreisen dem Outsourcing von Kreditrisiken und deren Verbriefung eine nicht unwichtige Rolle bei der Erklärung der sich weltweit ausgebreiteten Finanz- und Wirtschaftskrise zugeschrieben. Auch deutsche Bankhäuser haben sich an diesen zunächst gewinnbringenden Praktiken auf den globalen Kapitalmärkten beteiligt. Inzwischen belasten die erworbenen Forderungspakete die Bankbilanzen schwer. Im Verbund sind dabei auch sog. „faule Kredite“ mit verkauft worden. Also gerade solche, die entweder durch den bisherigen Forderungsinhaber schon gekündigt, oder wegen Zahlungsverzugs der Kreditnehmer durch die Kreditgeber zumindest kündbar gewesen sind. Der Weiterverkauf erfolgte dann an sog. „Zweckgesellschaften“, welche zumeist keine eigene Bankbilanz innehatten, den Kaufpreis selbst aufbringen mussten bezie-

---

1 Reinhart/Rogoff, Dieses Mal ist alles anders – Acht Jahrhunderte Finanzkrisen, 3. Auflage, München 2010, S. 395.

2 Im Hinblick auf die jeweiligen unterschiedlichen wirtschaftstheoretischen Erklärungsansätze kann auf den nachfolgend zitierten Kurzbeitrag von Erlei verwiesen werden; siehe Erlei, Die Wirtschaftskrise im Widerstreit der Lager, WiSt 2011, 130(131).

hungsweise sich durch Ausgabe eigener Wertpapiere über den Kapitalmarkt finanzierten. Erhebliche Abschläge beim Forderungsankauf gegenüber den Nominalbeträgen sowie eine effizientere Verwertung des Schuldnervermögens wurden als einer der Gründe angeführt, warum besagtes Geschäftsmodell für die Banken lange Zeit so lukrativ gewesen war. Im Mittelpunkt standen die zur Kreditabsicherung bestellten Grundpfandrechte, welche der Kreditnehmer den Kreditgebern eingeräumt hatte und deren Verwertung. In Anbetracht unsicherer Schuldnerleistungen und schwankender Erlöse im Falle der Verwertung der Sicherheiten durch die Gläubiger waren die eingegangenen Risiken der Erwerber besagter Forderungspakete nur äußerst schwer zutreffend zu bewerten gewesen. Aus der Perspektive der am Verbriefungsmarkt tätigen Banken dienten jene Forderungsverkäufe von Krediten vorrangig dazu, dass mit den abgeschlossenen Krediten zunächst gebundene Eigenkapital wieder für weitere Kreditgeschäfte einsetzen zu können. Damit wurden immer neue Risiken produziert. Gleichzeitig sank die Bereitschaft der Kreditgeber, auf die „Qualität" der Kreditnehmer zu achten, was sich letztlich in gesamtwirtschaftlicher Hinsicht als äußerst problematisch erwiesen hatte.

Von den geschilderten Praktiken waren sowohl die *privaten Kreditnehmer (Verbraucher)* wegen der Gefahr der unberechtigten Zwangsversteigerung des Eigenheims als auch die *privaten Anleger* wegen drohender Bankeninsolvenzen betroffen gewesen. Mitte August 2008 hatte der Gesetzgeber mit Verabschiedung des *Risikobegrenzungsgesetzes*[3] verschiedene Maßnahmen zum Schutz des privaten Kreditnehmers eingeleitet. Jene dabei innerhalb des BGB, des HGB und der ZPO angesiedelten Normen gelten aber nur für Kreditverträge, welche nach dem 18.08.2008 abgeschlossen worden sind. Die Kreditwirtschaft hat über Jahrzehnte hinweg in der Werbung immer „das besondere Vertrauensverhältnis zwischen Kreditnehmer und Kreditgeber betont". Das verwundert nicht. Stellen doch besagte Wirtschaftsbeziehungen zwischen den Kreditgebern und Kreditnehmern in informationsökonomischer Hinsicht ein Handeln mit sog. *Kontraktgütern*[4] dar. Bei diesen sind das gegenseitige Vertrauen und der Zeitfaktor von Bedeutung. Deshalb stehen weniger der Güteraustausch, sondern die Abgabe und das Einhalten von *Leistungsversprechen* im Vordergrund. Denn Leistung und Gegenleistung liegen zeitlich betrachtet sehr weit auseinander[5]. Die Gefahr,

---

3 Gesetz zur Begrenzung der mit Finanzinvestitionen verbundenen Risiken vom 18.08.2008; BGBl. I 2008, S. 1666ff.

4 Oehler, Zur ganzheitlichen Konzeption des Verbraucherschutzes – eine ökonomische Perspektive, VuR 2006, 294(298).

5 Oehler nimmt das zum Anlass, nochmals zwischen Glaubens- und Kontraktgütern zu differenzieren. Das umzusetzen kann im Einzelfall wegen der Gefahr der Überschnei-

dass sich eine Vertragspartei opportunistisch verhält, womit stark verkürzt die Verfolgung von eigennützigen Zielen zu Lasten Dritter gemeint ist, liegt aus Gründen *asymmetrischer Informiertheit* auf der Hand. Dies gilt für die Kapitalanlage ebenso wie für die Kreditaufnahme. Doch erweist sich die Eindämmung der *Gefahr opportunistischen Verhaltens* bei *Kontraktgütern* als eher schwierig[6]. Der Ruf nach Schutzkonzeptionen wird dabei immer dann laut vernehmbar, wenn eine Vertragspartei ihre Vertragsmacht opportunistisch zu Lasten der anderen Vertragspartei ausnutzt. Ziel der vorliegenden Untersuchung wird es sein, potentielle *Verbraucherschutzkonzeptionen* vorzustellen, mit denen man opportunistisches Verhalten im Finanzdienstleistungsbereich im Allgemeinen begegnet werden könnte. Droht ein (Teil-)Marktversagen, wie bei der Finanzmarktkrise, dann ist letztlich der Gesetzgeber gefordert. Dabei stehen die vorzustellenden Änderungen, welche insbesondere das *Risikobegrenzungsgesetz* für Verbraucher brachte, im Vordergrund der Untersuchung. Ziel ist es, dessen Verbraucher schützenden Gehalt zu untersuchen. Für die kurz vorzustellenden *gesetzlichen Neuerungen* aus dem Jahre *2010* gilt Selbiges. All das wirft eine Vielzahl von Fragen auf, die sich momentan nur schemenhaft abzeichnen und die sich wahrscheinlich erst in der Zukunft noch genauer als aktuell beantworten lassen.

Gang der Untersuchung

Zunächst werden im *2. Teil der Untersuchung* die Ursachen und Folgen der Finanzmarktkrise 2007/2008 kursorisch aufgearbeitet. Dies ist deshalb ratsam, weil daran aufgezeigt werden soll, warum der deutsche Gesetzgeber in einer eher seltenen Eile motiviert gewesen war, sich dem Schutz des Verbrauchers (Konsumenten), hier in seiner Rolle als privater Kreditnehmer agierend, mit Hilfe des Privatrechts, der Sonderprivatrechte sowie des Prozessrechts anzunehmen. Im rechtlichen Teil steht - neben anderen Gesetzgebungsaktivitäten - insbesondere das im August 2008 verabschiedete Risikobegrenzungsgesetz im Fokus des Interesses. Ferner wird innerhalb des 2. Teils der Untersuchung ein kurzer Blick auf die aktuellen Entwicklungen, was die Geschäftspolitik der Kreditinstitute in der „Nachkrisenära" anbelangt, geworfen. Die Vertragsbeziehungen zwischen dem Kreditanbietenden und dem Kreditnachfragenden sind von informellen Ungleichgewichtslagen geprägt. Also droht einerseits im Hinblick auf das Kapital (Anbieterseite) die Gefahr einer Ressourcenfehlallokation sowie an-

---

dung allerdings schwierig werden kann; vgl. Oehler, Zur ganzheitlichen Konzeption des Verbraucherschutzes – eine ökonomische Perspektive, VuR 2006, 294(298).

6 Zur Thematik vgl. Schäfer/Ott, Lehrbuch der ökonomischen Analyse des Zivilrechts, 4. Auflage, Berlin; Heidelberg; New York 2005, S. 509f.

dererseits besteht im Hinblick auf die Finanzierung (Nachfrageseite) die Gefahr, einen nicht zu marktüblichen Bedingungen abgeschlossenen Kreditvertrag eingegangen zu sein. Mit besagter informationsökonomischen Komponente der Thematik befasst sich insbesondere die Neue Institutionenökonomik. Deshalb ist im *3. Teil der Untersuchung* der Frage nachzugehen, mit welchen Empfehlungen die Vertreter der Neuen Institutionenökonomik zum Schutz des privaten Kreditnehmers aufwarten. Im *4. Teil der Bearbeitung* geht es dann um die Rechts- und Gesetzeslage, mit der nun der Kreditnehmer insbesondere nach dem in Kraft treten des Risikobegrenzungsgesetzes sowie der im Jahre 2010 in deutsches Recht umgesetzten Verbraucherkreditrichtlinie 2008 seit dem Beginn des Jahres 2011 konfrontiert wird. Bei deren Darstellung handelt es sich um den rechtlichen Schwerpunkt der Untersuchung, welche dann mit einer Würdigung der gewonnenen Erkenntnisse seinen Abschluss im *5. Teil der Untersuchung* findet.

2. Teil: Ursachen und Folgen der Finanzmarktkrise von 2007/2008

Jene Finanzmarktkrise von 2007/2008, welche sich mit dem Zusammenbruch des US-amerikanischen Immobilienmarktes entflammte, schlug globalisierungsbedingt weltweit verheerende Wellen. Vermögenswerte in Höhe von geschätzten 1,4 Billionen US-Dollar wurden quasi „über Nacht“ vernichtet[7]. Die seitens der neoklassischen Wirtschaftspolitik so gerne zitierten „selbstregulierenden Kräfte der Finanzmärkte“ schienen versagt zu haben. Kritiker jenes in wirtschaftstheoretischer Hinsicht oft angefeindeten neoliberalen Modells, welches nicht ohne Grund von den Vertretern des Bankensektors favorisiert wurde und nach wie auch wird[8], sahen sich in ihrer Auffassung dahingehend bestätigt, dass es nun endlich an der Zeit sei, jene im Finanzdienstleistungsbereich immer noch existierenden, rechtsfreien Zonen zu schließen[9]. In der Tat war das Ausmaß der Folgen der Finanzmarktkrise, die später zur Wirtschaftskrise mutierte, mit dem der Großen Depression von 1930 vergleichbar. So betrug beispielsweise der Rückgang der Wachstumsrate der weltweiten Volkswirtschaften in den Jahren 2007 bis 2009 immerhin 6,5 %-Punkte, wie *Sinn*[10] darlegt. Versagt der Markt, so wie bei der Finanzmarktkrise 2007/2008, dann ist der Staat in der Pflicht, seine ordnungspolitische Rolle mit Leben zu erfüllen. Also hat der Staat die Funktionstauglichkeit des marktwirtschaftlichen Systems wieder herzustellen, wie stellvertretend für viele Stimmen in der Literatur *Roubini/Mihm*[11] betonen. Auf die in diesem Zusammenhang seitens der politischen Akteure in die Wege geleiteten wirtschaftspolitischen Hilfsmaßnahmen wird im 2. Teil der Untersuchung noch näher eingegangen. *Nicht behandelt* wird hier das Thema *„Schrottimmobilien“*, welches seine Entstehung in den 90ér Jahren des letzten Jahrhunderts den

---

7 Althammer, Die Finanzkrise im Licht der Sozialen Marktwirtschaft, Zeitschrift für Politische Bildung 3/2009, 30(30).

8 So haben sich beispielsweise die Vertreter der Banken massiv gegen eine seitens des Gesetzgebers geplante „Finanztransaktionssteuer“ mit dem Argument einer „drohenden Überregulierung des Bankensektors gewehrt; siehe hierzu stellvertretend die Ausführungen von Schmitz, Die Erneuerung vorantreiben, Die Bank 4/2011, 28(32f.).

9 Siehe Erlei, Die Wirtschaftskrise im Widerstreit der Lager, WiSt 2011, 130(135) sowie Althammer, Die Finanzkrise im Licht der Sozialen Marktwirtschaft, Zeitschrift für Politische Bildung 3/2009, 30(32).

10 Sinn, Kasino-Kapitalismus. Wie es zur Finanzkrise kam und was jetzt zu tun ist, Berlin 2009, S. 19.

11 Zur eher unorthodoxen Vorgehensweise der amerikanischen Notenbank nach Ausbruch der Finanzkrise siehe Roubini/Mihm, Das Ende der Weltwirtschaft und ihre Zukunft, Frankfurt am Main 2010, S. 186f., S. 189 und S. 197ff.

zunehmend aggressiver werdenden Vertriebsmethoden der Banken zu verdanken hatte. Deren negative Folgen für die Verbraucher konnten seitens der Gerichte bis dato immer noch nicht vollständig aufgearbeitet werden. Es erscheint dabei durchaus nicht abwegig, den Verkauf von weitgehend wertlosen Immobilien an private Nachfrager gewissermaßen als „Vorboten“ der sich ein Jahrzehnt später abzeichnenden Finanzmarktkrise einzuordnen. Sowohl das Thema *„Schrottimmobilien“* als auch das der *„Finanzkrise“* wurden durch die in den 90ér Jahren einsetzende Ausweitung des Derivatehandels innerhalb des Bankensektors begünstigt, ohne dass der Gesetzgeber hierfür einen nennenswerten rechtlichen Ordnungsrahmen geschaffen hatte. Im Zusammenhang mit der sog. „Basel II-Reform“ und der dort gegenüber den Kreditinstituten angemahnten Verbesserung deren Eigenkapitalquoten wurde die zunehmende Veräußerung „notleidender Kredite“ zu einem wichtigen Thema[12].

Im Rahmen der Regulierung des Kapitalmarktrechts sowie der eingeleiteten Maßnahmen zwecks Rettung des Bankensektors wurde (ansatzweise) auch an das schwächste Glied in der Kette gedacht. Gemeint ist damit der *private Kleinanleger* beziehungsweise der *private Kreditnachfrager*, welcher hier des Weiteren auch mit den synonymen Begriffen *Verbraucher* beziehungsweise *Konsument* bezeichnet wird. Bereits im Referentenentwurf zum Risikobegrenzungsgesetz, datierend vom 13.09.2007, wurde darauf hingewiesen, dass die damals regierende Große Koalition prüfe, ob - und wenn ja inwieweit - gesetzliche Regelungen nunmehr in Kraft treten müssten. Es ging um das Thema „Verkauf von Kreditforderungen an Investoren“. Der Regierungsentwurf zum Risikobegrenzungsgesetz, datierend vom 07.12.2007, hatte in Bezug auf besagte Problematik folgende konkrete Form angenommen: Der Handel mit Kreditrisiken auf den Kapitalmärkten mit neuen Finanzinstrumenten war inzwischen gängige Praxis und warf neue - auch verbraucherrechtlich relevante - Fragen auf, deren Beantwortung sich der Gesetzgeber von 2007 zu stellen hatte. Dies betraf insbesondere die Bündelung sowohl notleidender als auch nicht leistungsgestörter Privatkundenkredite und deren Verkauf im Paket an andere Banken oder Finanzinvestoren. Betroffen hiervon waren jetzt Fragen des *Schuldnerschutzes*, des *Bankengeheimnisses* und damit auch solche des *Datenschutzes*. Gleichzeitig rückte der Schutz des Kreditnachfragenden Verbrauchers im Besonderen in den Fokus des gesetzgeberischen Regulierungsinteresses. Die in der Folgezeit durch die Koalitions- und Oppositionsparteien FDP, DIE LINKE und BÜNDNIS 90 / DIE

12 Siehe Rohe, Anmerkungen zur Reform des Rechts der Immobilienfinanzierung, in: Grundmann u. a. (Hrsg.), Festschrift für Eberhard Schwark zum 70. Geburtstag, Unternehmensrecht zu Beginn des 21. Jahrhunderts, München 2009, S. 611.

GRÜNEN erarbeiteten und eingebrachten Anträge[13] resultierten nach deren Aufarbeitung und Bewertung in der Beschlussempfehlung und in dem Bericht des Finanzausschusses des Deutschen Bundestages, datierend vom 26.06.2008, welche sodann in die abschließende Fassung des Risikobegrenzungsgesetzes einflossen. Soweit zur Historie.

Es empfiehlt sich zunächst, einen Blick zurück zu werfen, um so anhand der weltwirtschaftlich relevanten Ereignisse besser verstehen zu können, weshalb sich der deutsche Gesetzgeber veranlasst sah, die seit langem schon bestehenden und bekannten verbraucherschutzrechtlichen Lücken, wie beispielsweise die im Bereich des Immobiliarkredits, endlich anzugehen. Auf eine gesonderte Behandlung des Themas „Bankgeheimnis und Datenschutz" wird aus Gründen der Übersichtlichkeit verzichtet, auch wenn es durchaus einen Anlass gäbe, sich hiermit auch noch näher zu befassen.

Die Finanzmarktkrise von 2007/2008 hatte den schärfsten ökonomischen Einbruch Deutschlands in der Nachkriegsära verursacht. Selbst im Frühjahr 2011 galt die Thematik noch nicht als vollständig überwunden. Jene Finanzmarktkrise stellte sogar die schwerste Krise[14] seit der Weltwirtschaftskrise von 1929 dar[15]. Von der Finanzwirtschaft ausgehend wurde in den Jahren 2008/2009 auch die Realwirtschaft erfasst. Eine Untersuchung, die sich mit den volks- und betriebswirtschaftlichen Rahmenbedingungen der Kreditvergabepraxis der Banken an die Verbraucher auseinandersetzt, um daran die neueren gesetzgeberischen Aktivitäten auf deren praktische Verbraucher schützende Effizienz hin zu überprüfen, kommt an einer kursorischen Darstellung der Finanzmarktkrise nicht vorbei.

---

13 Zu den genannten Anträgen der Parteien siehe BT-Drs. 16/5595 und BT-Drs. 16/8182 sowie BT-Drs. 16/8548.

14 Unter einer Finanzmarktkrise ist mit Hellerforth die Wirtschaftstatsache zu verstehen, dass es zu großen Verwerfungen in einem Finanzsystem kommt, welche bei vielen Unternehmen zur Zahlungsunfähigkeit führt und zur Reduzierung von Vermögenswerten im erheblichen Umfange beiträgt; vgl. Hellerforth, Die globale Finanzmarktkrise - Ursachen und Auswirkungen auf die Immobilien- und Realwirtschaft, Hamburg 2009, S. 17.

15 Im Hinblick auf das Thema „Finanzkrisen aus historischer und empirischer Sicht" wird auf die Ausarbeitung von Reinhart/Rogoff verwiesen; siehe Reinhart/Rogoff, Dieses Mal ist alles anders – Acht Jahrhunderte Finanzkrisen, 3. Auflage, München 2010, S. 395. Einen Kurzüberblick über die bedeutendsten Wirtschaftskrisen seit der holländischen „Tulpenkrise" von 1637 bieten Nastansky/Strohe, Die internationale Finanz- und Bankenkrise und ihre wesentlichen Ursachen, WiSt 2010, 23(23).

Obschon es vereinzelt warnende Stimmen im Schrifttum gegeben hatte[16], *versagte* nicht allein der *Markt*[17], sondern zugleich noch der *Staat*[18], auch wenn die Bundesregierung mit zwei Konjunkturpaketen den Versuch unternommen hatte, antizyklische Fiskalpolitik zu betreiben[19]. Da es sich hierbei allerdings nicht um einen Schwerpunkt der vorliegenden Untersuchung handeln soll, werden die Auslöser der Finanzmarktkrise sowie deren Bekämpfungsstrategien an dieser Stelle nur in der gebotenen Kürze dargestellt.

1 Finanzmarktkrise 2007/2008 und deren theoretische Aufarbeitung

Die Krisenerklärung erfolgt zweiteilig. Im *ersten Teil* wird dargelegt, dass die zwischen der Finanzwirtschaft und Realwirtschaft bestehenden Verbindungen deutlich enger sind, als man bei Ausbruch der Finanzmarktkrise 2007/2008 zunächst angenommen hatte. Dieser Aspekt erklärt, weshalb sich die Krise so leicht auf die Realwirtschaft ausbreiten konnte. Im *zweiten Teil* wird ein Blick auf die in der Praxis zu beobachtenden Refinanzierungsmodelle der Kreditanbieterseite geworfen. Im Brennpunkt des Interesses steht das System der Verbrie-

---

16 Stellvertretend steht hierfür der Jahresbericht von 2006/2007 der Bank für Internationalen Zahlungsausgleich, des Weiteren BIZ genannt, mit Sitz in Basel, wo auf den Seiten 144f. mögliche Gefahren für die Finanzmärkte angesprochen wurden, diese dann mangels Datenmaterials damals aber nicht konkret belegt werden konnten, wie insbesondere Franke/Krahnen, Instabile Finanzmärkte, PWP 2009, 335(337), ausdrücklich anhand eines Originaltextauszuges verdeutlichen.

17 Ob der Markt ebenfalls versagt hatte, sieht Krause-Junk eher kritisch, weil nach dessen Ansicht zwar die relevanten Akteure moralisch verwerflich gehandelt hätten, andererseits jedoch auch der Gesetzgeber nicht in der Lage gewesen sei, für „optimale Rahmenbedingungen“ zu sorgen. Zur Thematik siehe Krause-Junk, Moral und Gesetz - einige Anmerkungen zu Volker Arnold, PWP 2010, 99(101).

18 Gleicher Ansicht Enste, der ein Versagen im Bereich der Makroebene („Ordnungsethik“) hierfür verantwortlich macht; vgl. Enste, Die Krise: Ethik und Vertrauen, WISU 2009, 808(809).

19 Dabei soll nicht verkannt werden, dass es der Bundesregierung damals zumindest gelungen war, mit Hilfe des Konjunkturpakets I („Beschäftigungssicherung durch Wachstumsstärkung“) sowie des Konjunkturpakets II („Gesetz zur Sicherung von Wachstum und Stabilität in Deutschland“) die Härte, die Dauer und die Folgen des Abschwunges abzumildern. Zu kritisieren ist aber am Verhalten des Staates erstens das viel zu laxe Regelungswerk, was den Bereich des Verbriefungsgeschäftes anbelangt. Zweitens verwunderte das eher gemächliche Tempo, mit dem besagte Programme in Angriff genommen und verabschiedet worden waren. Zu letzterem vgl. Roos, Die deutsche Fiskalpolitik während der Wirtschaftskrise 2008/2009, PWP 2009, 389(401-403).

fung von Kreditforderungen durch die Kreditanbieterseite und deren anschließende Platzierung auf den internationalen Kapitalmärkten eine zentrale Rolle. Der sich daran anschließende *dritte Abschnitt* befasst sich mit der zunehmenden Globalisierung der Krise. Letztendlich führte das 2008/2009 zum Ausbruch der bereits genannten Weltwirtschaftskrise.

1.1 Krisenerklärung 1. Teil

Angefangen hatte alles mit der US-amerikanischen Immobilienfinanzierung für Eigenheime. Der Markt war für die Kreditwirtschaft deshalb interessant gewesen, weil seit Beginn des neuen Jahrtausends die Immobilienpreise stärker stiegen als die Konsumentenpreise. Folgende Zusammenhänge zwischen dem Finanz- und dem Realsektor sind hier von Relevanz[20]. Mit einer Zunahme der Vermögenspreise (Immobilien etc.) verringern sich die unternehmerischen Kapitalkosten. Es kommt zu Substitutionseffekten, welche die Produktion neuer Kapitalgüter induzieren, zugleich die Vermögenswerte der Konsumenten verbessern, was im Ergebnis zu einer höheren Kreditwürdigkeit der gewerblichen Nachfrager (Unternehmen) und der privaten Nachfrager (Verbraucher / private Haushalte) führt. Damit wirken steigende Hauspreise, wie sie beispielsweise vor der Finanzmarktkrise in den USA existierten, stimulierend auf die aggregierte Gesamtnachfrage, wie *Neumann*[21] unter Verweis auf *Tobin*[22] hervorhebt. Nehmen die Vermögenswerte aber aus spekulativen Gründen überproportional im Vergleich zur gesamtwirtschaftlichen Entwicklung des betrachteten Landes zu, droht das Entstehen einer „Preisblase mit Rückschlagspotential", welches letztlich eine Finanzkrise verursachen kann. Gerade sog. „Immobilienpreisblasen" führen häufig zu potentiellen Bankenkrisenscenarios, wie *Reinhart/Rogoff*[23] darlegen. Betroffen waren davon diejenigen Kreditnehmer, die sich bei rationaler Sicht der Dinge eigentlich hätten überhaupt keine Immobilie leisten können, und

20 Neumann, Internationale Finanzkrise und die Geldpolitik der EZB, PWP 2009, 367(374f.).

21 Allerdings legt Neumann dar, dass internationale Studien ergeben haben, dass es beim „Platzen der Preisblase" nicht zwangsläufig zu einer Finanzkrise kommen müsse. Zu den Einzelheiten vgl. Neumann, Internationale Finanzkrise und die Geldpolitik der EZB, PWP 2009, 367(375).

22 Tobin vertrat die Ansicht, es bestehe ein enger Zusammenhang zwischen dem Aktienmarkt und der Investitionstätigkeit. Empirisch gilt das für die USA (1960-1999) als weitgehend gesichert. Siehe hierzu Blanchard/Illing, Makroökonomie, 5. Auflage, München 2009, S. 484f.

23 Reinhart/Rogoff, Dieses Mal ist alles anders – Acht Jahrhunderte Finanzkrisen, 3. Auflage, München 2010, S. 383.

diese wegen ihrer niedrigen Bonität seitens der Gläubiger normalerweise auch nicht finanziert bekommen hätten. Angesprochen ist das sog. „Subprime-Kundensegment“[24] , denen großzügig Kredite zwecks Immobilienerwerbs gewährt worden waren. Jene sog. *„Subprime-Hypotheken“* galten unter Bankexperten gar als *„Finanzinnovationen“*. Deren Vergabe an in ökonomischer Hinsicht weniger betuchte Verbraucher war in den USA zudem in politischer Hinsicht gewollt. Gerade die sozial schwächeren US-amerikanischen privaten Haushalte sollten vermehrt Eigentum an Immobilien erwerben, weil sich die Regierung davon auch den Abbau sozialer Spannungen versprochen hatte[25]. In der Tat verfügen in den USA inzwischen mehr als 2/3 der Bevölkerung über Wohneigentum. In Deutschland liegt der Wert vergleichsweise nur bei ca. 40%. Dass die Konsumenten in den USA lange Zeit leichter an bezahlbare Immobilienkredite gekommen waren als die deutschen privaten Haushalte, lag am amerikanischen System einer (halb-)staatlichen Wohnungsbaufinanzierung[26]. Im Gegensatz zu der in den USA üblichen Hypothekenvergabepraxis[27] wurden mit jenen *„Subprime-Krediten“*[28] die bebauten Immobilien weitgehend alleine finanziert bei zugleich für den Schuldner sehr großzügigen Konditionen. Es war beispielsweise üblich gewesen, diese Hypotheken in den ersten 2-3 Jahren mit einer eher niedrigen Festzinsbelastung auszustatten, was die Entscheidung der Kreditnehmer, eine Immobilie erwerben zu wollen, sicherlich erleichtert haben dürfte. Anschließend verteuerten sich die Hypotheken deutlich. Das fiel aber nicht so sehr ins Gewicht, solange sich der Anstieg der Immobilienpreise in den USA fortsetzte. Auch ist den Schuldnern der Immobilienkredite in den USA die

---

24 Vgl. Hagedorn, Die Subprime-Krise und ihre Folgen – Turbulenzen an den Finanzmärkten, Die Bank 12/2007, 20(23).

25 Die Erhöhung der Eigentumsquote ist in den USA schon von der Regierung Bush unter dem Motto „Ownership Society“ propagiert worden, wie Enste anmerkt; vgl. Enste, Die Krise: Ethik und Vertrauen, WISU 2009, 808(811). Fendel/Frenkel, Die Subprime-Krise 2007/2008: Ursache, Auswirkungen und Lehren, WiSt 2009, 78(79).

26 Nähere Einzelheiten hierzu finden sich bei Rudolph, Lehren aus den Ursachen und dem Verlauf der internationalen Finanzkrise, zfbf 2008, 713(714f.).

27 Eine Ausdehnung des Konsums anhand einer Inanspruchnahme von Hypothekenkrediten, so wie das in den USA eher die Regel darstellt, ist in Deutschland kaum zu beobachten. Gleicher Ansicht sind Illing/Klüh, Vermögenspreise und Konsum: Neue Erkenntnisse, amerikanische Erfahrungen und europäische Herausforderungen, PWP 2005, 1(19).

28 Der massenweise Verkauf von Immobilienkrediten an US-amerikanische Verbraucher mit niedrigster Bonität (Kreditwürdigkeit) wurde in Fachkreisen ironisch als sog. „Ninja-Loans“ (No Income, No Job, No Asset) bezeichnet. Siehe hierzu Roubini/Mihm, Das Ende der Weltwirtschaft und ihre Zukunft, Frankfurt am Main 2010, S. 95 und Schütte, Lehren aus der Finanzkrise: Was ist zu tun? ifo Schnelldienst 3/2009, 17(17f.).

Möglichkeit eröffnet worden, die durch den Erwerb der finanzierten Immobilie angehäuften Schuldzinsen großzügig steuerlich in Abzug zu bringen. Davon profitierten dann ab Mitte der 90ér Jahre besonders diejenigen Regionen innerhalb der USA, die eh schon ein überdurchschnittlich hohes Preisniveau für bebauten Wohnraum aufwiesen[29]. Wegen des enormen Liquiditätsüberhanges auf den Geld- und Kapitalmärkten setzte sich dieser Trend weiter fort. Die „Finanzintermediäre"[30] suchten nach neuen Anlageformen für günstig aufgenommenes Kapital. Kredite wurden nun durch Personen bereitwillig vermittelt und eingeräumt, die bis dahin an Immobilienfinanzierungen noch nicht beteiligt gewesen waren, wie Privatleute und Makler[31]. Wegen der oft abschlussorientierten Vergütungspraxis interessierte diese Personenkreise bei ihren Vermittlungsaktivitäten allerdings vorrangig nur der kurzfristige Abschlusserfolg, was im Hinblick auf die Wahl der Vertragsanbahnungsmethoden teils schon sehr bedenkliche Ausmaße angenommen hatte[32]. Vor allem das bis zum Jahre 2005 äußerst niedrige Leitzinsniveau der amerikanischen Zentralbank, des Weiteren auch FED[33] genannt, begünstigte jene „innovativen Finanzierungsmodelle"[34] auf dem Immobiliensektor. Mit dem Anstieg des US-amerikanischen Leitzinses im Jahre 2006 verteuerten sich die Kredite zunehmend. Im Ernstfall bedeutete das für einen nicht unerheblichen Teil der Hypothekenschuldner das Aus und damit den

29 Rudolph, Lehren aus den Ursachen und dem Verlauf der internationalen Finanzkrise, zfbf 2008, 713(716).

30 Die Aufgabe der Finanzintermediäre beschreiben u. a. Franke/Hax, Finanzwirtschaft des Unternehmens und Kapitalmarkt, 5. Auflage, Berlin; Heidelberg; New York 2004, S. 457-459.

31 Zu den amerikanischen Besonderheiten siehe Rudolph, Lehren aus den Ursachen und dem Verlauf der internationalen Finanzkrise, zfbf 2008, 713(716f.).

32 In Deutschland wird diese Problematik unter der Bezeichnung „Schrottimmobilien" geführt. Auch insoweit liegt die „Wurzel allen Übels" primär an einer rein abschlussorientierten, aber dennoch häufig weitgehend „beratungsfreien Vertragseingehungspraxis". Die Banken und deren zumeist in Tochtergesellschaften ausgegliederten Vertriebsexperten hatten sich mit Aufkommen des Derivatehandels in Deutschland zu Beginn der 90'Jahre und auch danach „nicht immer mit Ruhm bekleckert". Auf diese eher im Verbraucher- und Bankrecht anzusiedelnde Problematik kann hier nicht näher eingegangen werden. Die Qualität besagter Beziehung zu den privaten Bankkunden wird von Bankenseite verständlicherweise in einem anderen Licht gesehen; vgl. Schmitz, Die Erneuerung vorantreiben, Die Bank 4/2011, 28(30).

33 Einen ersten Überblick über die Aktivitäten der FED bieten im Allgemeinen Samuelson/Nordhaus, Volkswirtschaftslehre, Landsberg am Lech 2005, S. 747-760 sowie im Hinblick auf die Krisenbewältigungsaktivitäten in den USA Roubini/Mihm, Das Ende der Weltwirtschaft und ihre Zukunft, Frankfurt am Main 2010, S. 185-202.

34 Zur Thematik als solche siehe Franke/Hax, Finanzwirtschaft des Unternehmens und Kapitalmarkt, 5. Auflage, Berlin; Heidelberg; New York 2004, S. 55f.

Ausstieg aus jenem Finanzierungsmodell. Es kam zu Kreditausfällen mit der Folge, dass den Gläubigern zwar nun die Immobilien gehörten diese aber in der Zwischenzeit wegen eines Angebotsüberhanges an Wert eingebüßt hatten. Jene geschilderten Ereignisse traten dann ab dem Jahre 2006 auf, wie folgende Graphik belegt:

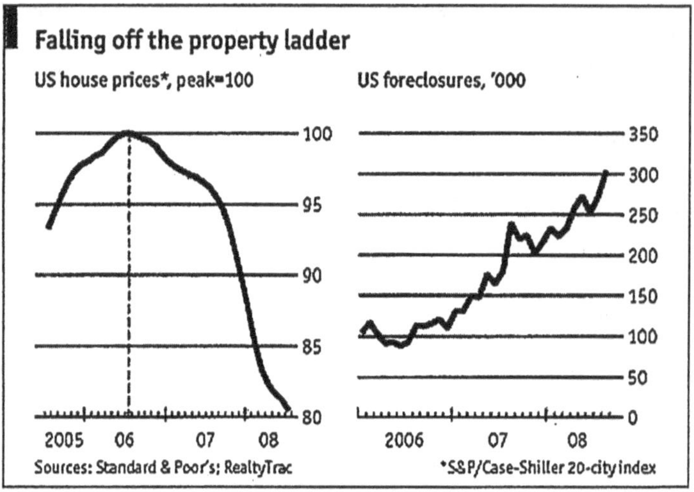

Quelle: The Economist, When fortune frowned - A special report on the world economy, 25.10.2008, S. 82; zitiert nach Hausner, Die Abkühlung der Weltwirtschaft durch die Finanzkrise, WiSt 2009, 40(40).

1.2 Krisenerklärung 2. Teil

Sieht man sich die Vertragsbeziehung zwischen den Hypothekenschuldnern und den Hypothekengläubigern im Hinblick auf die Letztgenannten und deren Refinanzierungsmodelle etwas genauer an, dann wird ein weiteres Problem offenkundig, welches den Ausbruch der Finanzmarktkrise mit hervorgerufen hatte. Gemeint ist das Refinanzierungsmodell der Kreditanbieterseite. Dieses basierte - stark vereinfacht ausgedrückt - darauf, dass die Immobilienfinanzierer ihren Geldbedarf durch Ausgabe von Wertpapieren deckten, denen oft nur die jeweiligen Immobilien als Sicherheiten gegenüber standen. Folglich hing der Wert jener ausgegebenen Wertpapiere stark von den Haus- und Immobilienpreisen ab. Zu Zeiten eines Immobilienpreisbooms, der bis zum Jahre 2006 angehalten hatte, ging das Modell weitgehend auf, nur danach eben nicht mehr. Offensichtlich wurde der Unterschied zwischen dauerhaften und lediglich zeitlich befristeten Vermögenszuwächsen auf dem Immobiliensektor von vielen falsch eingeschätzt, wie *Blanchard/Illing*[35] zutreffend anmerken. Es empfiehlt sich, kurz den Blick auf die die Krise mit auslösenden Finanzinnovationen zu richten. Gemeint ist die zunehmende *Verbriefung*[36] von Kreditschulden auf internationalen Märkten. Mitte der 80ér Jahre wurden in den USA immerhin bereits 2/3 der Hypothekenkredite verbrieft und diese sodann gehandelt[37]. Das ist nicht generell zu kritisieren. Gerade in der verhaltenswissenschaftlich ausgerichteten Finanzierungstheorie wird die Bedeutung von Finanzintermediären im Hinblick auf die Überwindung von asymmetrischer Information sogar betont[38]. Dies führt einen zu der Frage, ob *bankbasierte* Unternehmungsfinanzierungen *marktbasierten* Ansätzen gegenüber unterlegen sind[39]. Diese Frage lässt sich im Hinblick auf den US-amerikanischen Kreditverbriefungsmarkt nicht eindeutig beantworten. Grundsätzlich wird unterstellt, bei engen Kundenbeziehungen seien Banken besser als anonyme Finanzmärkte in der Lage, an die für den Aufbau und die Fortsetzung relevanten privaten Informationen zu gelangen. In dieser Konstellation erscheint in der Tat gerade in Krisenzeiten eine Unternehmensfinanzierung über die Banken vorteilhafter zu sein. Bei dieser Form der Kreditierung wird das Unternehmen die Geschäftsbeziehungen zu seinem Kreditgeber und folglich auch die damit einher gehende Vertrauensbeziehung zu seiner „Hausbank" nicht so einfach abbrechen und auf das Spiel setzen, nur um den Kreditanbieter wechseln zu können[40]. Allerdings sind *Bankkredite* im Gegensatz zu einer *marktbasierten Finanzierung*, wie beispielsweise mittels *Anleihen*, nicht oder nur äußerst schwer handelbar. Das liegt auch daran, dass der Kreditnehmer private Informationen über sich und gegebenenfalls über sein Unternehmen an die Banken wei-

---

35 Blanchard/Illing, Makroökonomie, 5. Auflage, München 2009, S. 481; vgl. ferner Reinhart/Rogoff, Dieses Mal ist alles anders – Acht Jahrhunderte Finanzkrisen, 3. Auflage, München 2010, S. 55.

36 Zum Begriff: Beike/Schlütz, Finanznachrichten, 3. Auflage, Stuttgart 2001, S. 408 und S. 626. In der vorwiegend englischsprachigen Fachliteratur zur Bankbetriebswirtschaftslehre ist von „Securitisation" die Rede, welche in der Regel durch Zweckgesellschaften („Special Purpose Vehicles"), auch SPV´s genannt, erfolgt. Siehe hierzu stellvertretend aus dem deutschen Schrifttum: Becker/Peppmeier, Bankbetriebslehre, 7. Auflage, Ludwigshafen 2008, S. 25 und S. 205.

37 Nastansky/Strohe, Die internationale Finanz- und Bankenkrise und ihre wesentlichen Ursachen, WiSt 2010, 23(24).

38 Roubini/Mihm, Das Ende der Weltwirtschaft und ihre Zukunft, Frankfurt am Main 2010, S. 101f., S. 249 sowie Franke/Hax, Finanzwirtschaft des Unternehmens und Kapitalmarkt, 5. Auflage, Berlin; Heidelberg; New York 2004, S. 458f.

39 Zu den Vor- und Nachteilen siehe in kursorischer Form die Beiträge von Fendel/Frenkel, Die Subprime-Krise 2007/2008: Ursachen, Auswirkungen und Lehren, WiSt 2009, 78(84f.); Franke/Krahnen, Instabile Finanzmärkte, PWP 2009, 335(339).

40 Franke/Krahnen, Instabile Finanzmärkte, PWP 2009, 335(339).

tergibt, weshalb auch ein *Nachverhandeln* vorstellbar ist. Bei Anleihen scheidet das vice versa aus. Werden nun Immobilienkredite dennoch verbrieft und als nunmehr „hybrides Finanzprodukt“ an den Finanzmärkten gehandelt, drängt sich die Frage auf, ob tatsächlich die jeweiligen Vorzüge einer *kombinierten bank- und marktbasierten Finanzierung* als sog. *„hybride Finanzdienstleistung“* grundsätzlich zu einer sog. „Win-Win-Situation“ für die Beteiligten führen werden. Sieht man sich die erzielten Ergebnisse an, so lässt sich das in dieser Schlichtheit nicht unterstellen[41].

Ferner gedachten die Banken ihre *Forderungen* gegenüber den Kreditnehmern besser *handelbar* zu machen, indem sie besagte *Rechtspositionen verbrieften.* Auch sollte hierüber mehr *Effizienz* in den Kreditvergabeprozess Einzug halten. Gleichzeitig sollte das vorhandene *Risiko* damit auf mehrere Schultern verteilt werden. Um besagte Zielsetzungen erreichen zu können, wurden die Kreditgeschäfte nicht mehr wie früher innerhalb einer Bank abgewickelt, sondern über die Einschaltung einer *Wertschöpfungskette* auf mehrere Akteure verteilt, worüber nach den Vorstellungen der Kreditgeberseite Spezialisierungs- und Kostenvorteile erwirtschaftet werden sollten[42]. Ob die Risiken, die eine solche Strategie mit sich brachten, niemand voraus gesehen habe, wie *Franke/Krahnen*[43] behaupten, erscheint eher fraglich zu sein[44]. Wenn dem so gewesen wäre, dann hätten sowohl die Bankenaufsicht als auch die Ratingagenturen eigentlich keine Fehler gemacht. Gerade die Letztgenannten stehen aber besonders in der Kritik. Hatten sie doch vor der Krise „gutes Geld verdient“, wofür sie eigentlich im Gegenzug dazu verpflichtet gewesen waren, die Markttransparenz auf Seiten der Investoren anhand der vergebenen Ratings (Signale) zu verbes-

---

41 Hiervon ist allerdings Kübler überzeugt, nach dessen Ansicht „im Regelfall“ sowohl Kredit gewährende Unternehmen (Hypothekenbanken u. a.) als auch Forderungserwerber (institutionelle Anleger u. a.) vom System der Verbriefung profitieren würden; siehe Kübler, Die Krise der amerikanischen Hypothekenverbriefungen - Ursachen und Herausforderungen, in: Grundmann u. a. (Hrsg.), Festschrift für Eberhard Schwark zum 70. Geburtstag, Unternehmensrecht zu Beginn des 21. Jahrhunderts, München 2009, S. 499f.

42 Mit der Aufspaltung der Kreditvergabe auf Wertschöpfungsketten entstehen naturgemäß Informationsprobleme zwischen den Vertragspartnern, die nach Rudolph ein bedeutender „Krisenauslöser“ des über die Entwicklung von Mortgage Backed Securities basierten US-Immobilienrefinanzierungssystems gewesen sei. Siehe Rudolph, Lehren aus den Ursachen und dem Verlauf der internationalen Finanzkrise, zfbf 2008, 713(726f.).

43 So argumentieren Franke/Krahnen, Instabile Finanzmärkte, PWP 2009, 335(358).

44 Gegen die Position von Franke/Krahnen votierend Adams, Wirtschaftskrise, Vergütungssysteme und nachhaltige Unternehmensentwicklung, ifo Schnelldienst 9/2009, 22(22).

sern. Tatsächlich aber hatte die Komplexität der ABS-Transaktionen und artverwandter Refinanzierungsmodelle gerade wegen der Aufteilung der Forderungen innerhalb des Pools in Tranchen, auch wegen des ständigen „Leveraging“ in Gestalt der wiederholten Verbriefung dazu geführt, dass die Verlustrisiken der zu bewertenden Papiere sich weder von den Käufern der Papiere noch von den Ratingagenturen wirklich zutreffend erfassen ließen, so wie *Roubini/Mihm*[45] und *Fender/Mitchell*[46] als auch *Kübler*[47] zutreffend feststellen. Also mussten die Ratingagenturen heuristisch vorgehen. Sie bewerteten ersatzweise die Zahlungsfähigkeit des Emittenten und vergaben die Ratings hierüber, weil man anders das Risiko des spezifischen Finanzinstruments nicht vernünftig bewerten konnte[48]. Jene Zahlungsfähigkeit war allerdings im Regelfall gut, weil die Banken sich für die Bonität ihrer rechtlich selbständigen Zweckgesellschaften gewissermaßen „verbürgt“ hatten. Noch ein weiterer Aspekt verdient Beachtung. Es darf nicht übersehen werden, dass mit dem Eintreten sog. *„Moral Hazard“*[49] Verhaltens zu rechnen ist, wenn Bewertende und Bewerter sich vorab vertraglich binden, um an Dritte „neutrale Informationen“ zu übermitteln. So haben,

45 Roubini/Mihm, Das Ende der Weltwirtschaft und ihre Zukunft, Frankfurt am Main 2010, S. 95.

46 Fender/Mitchell, Strukturierte Finanzierungen: Komplexität, Risiken und die Rolle von Ratings, in: Quartalsbericht der BIZ, datierend vom Juni 2005, 77(77ff.).

47 Kübler, Die Krise der amerikanischen Hypothekenverbriefungen - Ursachen und Herausforderungen, in: Grundmann u. a. (Hrsg.), Festschrift für Eberhard Schwark zum 70. Geburtstag, Unternehmensrecht zu Beginn des 21. Jahrhunderts, München 2009, S. 503f.

48 Das liegt sicherlich auch daran, dass sich die Bewertung strukturierter Finanzprodukte gegenüber der Bewertung eines Unternehmens erheblich voneinander unterscheidet; vgl. insoweit Kübler, Die Krise der amerikanischen Hypothekenverbriefungen - Ursachen und Herausforderungen, in: Grundmann u. a. (Hrsg.), Festschrift für Eberhard Schwark zum 70. Geburtstag, Unternehmensrecht zu Beginn des 21. Jahrhunderts, München 2009, S. 506 und Fendel/Frenkel, Die Subprime-Krise 2007/2008: Ursache, Auswirkungen und Lehren, WiSt 2009, 78(81).

49 Gemeint ist ein besonderer Fall des Marktversagens, welcher durch das Bestehen einer Versicherung ausgelöst wird. In einem solchen Fall erhöht sich bei unterstellten opportunistischen Verhaltens die Wahrscheinlichkeit, dass der Risikofall - beispielsweise wegen sorglosen Verhaltens des Versicherten - eintreten wird. Vgl. zum Begriff Samuelson/Nordhaus, Volkswirtschaftslehre, Landsberg am Lech 2005, S. 1047; Reinhart/Rogoff, Dieses Mal ist alles anders – Acht Jahrhunderte Finanzkrisen, 3. Auflage, München 2010, S. 118; Schütte, Lehren aus der Finanzkrise: Was ist zu tun? ifo Schnelldienst 3/2009, 17(17); Adams, Wirtschaftskrise, Vergütungssysteme und nachhaltige Unternehmensentwicklung, ifo Schnelldienst 9/2009, 22(22) sowie Baßeler/Heinrich/Utecht, Grundlagen und Probleme der Volkswirtschaft, 19. Auflage, Stuttgart 2010, S. 478f.

und das kam eben nicht „völlig unerwartet“, besagte Ratingagenturen wegen der teilweise vergebenen „Gefälligkeitsbewertungen“ erstens nicht nur versagt, sondern müssten zweitens eigentlich seitens der Regierungen in die Haftung genommen werden. Eines dürfte unbestritten sein: Wenn man durchaus vorhandene Kreditausfallrisiken versucht, mittels „vertragskettenähnlicher Schuldverhältnisse“[50] schnell an den nächsten Vertragspartner des Kreditnehmers weiterzureichen, dann ist es wie bei einem simplen „Schneeballsystem“ absehbar, dass es in naher Zukunft zur Verwirklichung *„systemischer Risiken“*[51] kommen musste. Oder anders ausgedrückt: Wenn man „Kredite von der einen Ecke in die anderen Ecke des Marktes verschiebt“[52], bleibt es immer noch ein Schuldverhältnis mit Rechten und Pflichten für Kreditgeber und Kreditnehmer.

Für jene Verbriefungen gründeten die Kreditgeber Zweckgesellschaften. Hierüber trieben sie die Emission der in den Wertpapieren gebündelten Bankenforderungen auf den internationalen Finanzmärkten lange Zeit auch erfolgreich voran. Jene handelbaren forderungsbesicherten Wertpapiere existierten bereits seit den 70ér Jahren auf dem US-amerikanischen Markt. In Deutschland spielten sie erst Ende der 90ér Jahre eine Rolle und das vor allem in Form von *Asset-Backed-Securities*[53], also durch Vermögen (asset) gesicherte (backed) Wertpapiere (securities) – des Weiteren auch ABS genannt. Trennen lassen sich diese nochmals in *True-Sales-ABS*, bei denen ein „echter Verkauf“ samt Risiken stattfindet, und dies dem Verkäufer liquide Mittel einbringt sowie in *synthetische ABS*, wo mittels Verbriefung nur das Kreditrisiko an den Erwerber übertragen wird[54]. Nur zur Erinnerung: Der „gute alte Pfandbrief“ war der Vorläufer der ABS-Konstruktionen. Hinter dem Pfandbrief stand eine Bank mit ihrer Bilanz, was im Ergebnis eine höhere Sicherheit für den Kreditnehmer bedeutete, als dies bei den neuen Finanzprodukten des Typs ABS beziehungsweise MBS der Fall

50 Zur Aufspaltung des Kreditvergabeprozesses kann auf Hagedorn verwiesen werden; vgl. Hagedorn, Die Subprime-Krise und ihre Folgen – Turbulenzen an den Finanzmärkten, Die Bank 12/2007, 20(22).

51 Adams, Wirtschaftskrise, Vergütungssysteme und nachhaltige Unternehmensentwicklung, ifo Schnelldienst 9/2009, 22(22).

52 Jene letztlich auf den amerikanischen Ökonom Galbraith zurück gehende Sicht der Dinge erscheint in der Tat nicht völlig falsch zu sein, wie es Münchau zum Ausdruck bringt. Siehe Münchau, Kernschmelze im Finanzsystem, München 2008, S. 107-109.

53 Zu den Grundformen der Kreditverbriefungspraktiken siehe Baßeler/Heinrich/Utecht, Grundlagen und Probleme der Volkswirtschaft, 19. Auflage, Stuttgart 2010, S. 502f.

54 Becker/Peppmeier, Bankbetriebslehre, 7. Auflage, Ludwigshafen 2008, S. 202 und Kübler, Die Krise der amerikanischen Hypothekenverbriefungen - Ursachen und Herausforderungen, in: Grundmann u. a. (Hrsg.), Festschrift für Eberhard Schwark zum 70. Geburtstag, Unternehmensrecht zu Beginn des 21. Jahrhunderts, München 2009, S. 499f.

ist[55]. Auch wenn kaum ein ABS-Finanzprodukt dem anderen gleicht, weil es auf die jeweiligen Bedürfnisse der Vertragsparteien direkt zugeschnitten werden kann, ist doch die Ablaufintention bei den ABS-Produkten im Kern folgende: Zwischen dem *Forderungsverkäufer* (Originator)[56], der *Zweckgesellschaft* (SPV) sowie dem *Käufer* des forderungsbesicherten Wertpapiers (Investor) existiert eine Dreiecksbeziehung. Der Forderungsverkäufer bündelt hierbei zumeist die vergebenen Kredite in einem Forderungspool, um diesen anschließend an die SPV zu verkaufen. Dadurch finanziert sich der Forderungsverkäufer, wie im Anschluss daran die Zweckgesellschaft, falls sich ein Investor gefunden hat[57]. Die Zweckgesellschaft rechtfertigt wiederum ihre Existenz dadurch, indem sie über den dort verwalteten Forderungspool das Kreditrisiko des Forderungsverkäufers abkoppelt, was zu Einsparungen bei den ansonsten anstehenden Insolvenzkosten führt[58]. Mittels Tranchierung werden sodann - je nach der Risikoneigung des jeweiligen Investors - die verbrieften Anteile am Forderungspool an diesen weiter gereicht. Als Investoren, die letztlich das Kreditrisiko getragen hatten, traten institutionelle Anleger, wie beispielsweise Versicherer, Fondsgesellschaften, Banken, Landesbanken und andere Großanleger in Erscheinung.

Ausgehend von den USA wurde die Finanzmarktkrise durch eine zehnjährige Phase äußerst niedriger Zinsen gewissermaßen „befeuert". Begünstigt wurde das durch eine expansive Geldpolitik der FED[59], wobei die EZB dem kaum

---

55 Unter dem Kürzel MBS werden Mortgage-Backed-Securities verstanden, also Wertpapiere, welche durch Hypotheken abgesichert sind. Es handelt sich im Ergebnis um einen Vorläufer der ABS-Produkte; vgl. hierzu Beike/Schlütz, Finanznachrichten, 3. Auflage, Stuttgart 2001, S. 348-350 und Münchau, Kernschmelze im Finanzsystem, München 2008, S. 99 und S. 103.

56 Zu den bedeutendsten Forderungsverkäufern gehörten die US-amerikanischen Immobilienfinanzierer, welche jene ABS-Konstrukte über die SPV's an die Anleger (Investoren) vermittelten. Wegen der dabei eine zeitlang zu erzielenden hohen Renditen waren diese ABS-Transaktionen für institutionelle Anleger äußerst lukrativ gewesen. Zur Darstellung der historischen Entwicklung kann auf Krahnen verweisen werden; vgl. Krahnen, Der Handel von Kreditrisiken: Eine neue Dimension des Kapitalmarktes, PWP 2005, 499(521f.).

57 Fendel/Frenkel, Die Subprime-Krise 2007/2008: Ursache, Auswirkungen und Lehren, WiSt 2009, 78(80).

58 Fender/Mitchell, Strukturierte Finanzierungen: Komplexität, Risiken und die Rolle von Ratings, BIZ Quartalsbericht Juni 2005, 77(79).

59 Stellvertretend Roubini/Mihm, Das Ende der Weltwirtschaft und ihre Zukunft, Frankfurt am Main 2010, S. 106 und Hausner, Die Abkühlung der Weltwirtschaft durch die Finanzkrise, WiSt 2009, 40(40).

nachstand, wie *Neumann*[60] betont. Folglich waren liquide Mittel (teils) im Überfluss abrufbar und mussten nur wieder effizient angelegt werden. Das Problem dabei: Die vergebenen Kredite waren aus den genannten wirtschafts- und sozialpolitischen Erwägungen heraus für die Kreditnehmer (zu) günstig, und die Refinanzierungsmodelle der Kreditgeber drückten über die (zu niedrigen) Zinsen nicht die tatsächlich eingehandelten Risiken mehr ab[61]. Greift man auf die aus der verhaltenswissenschaftlich orientierten Finanzierungstheorie gewonnenen Erkenntnisse des *„Behavioral Finance"* zurück, so belegt das mit *Mayer*[62] folgendes: Der sich eng am Zentralbankzins orientierende *risikofreie Zins*, welcher grundlegend für die Bewertung von Wertpapieren ist, steht in direkter Verbindung mit dem anlagebezogenen (vermuteten) *Risikozins*. Sinkt in Phasen wirtschaftlichen Abschwunges der Notenbankzins und somit auch der risikofreie Zins, desto höher fallen anschließend die Wertpapierbewertungen aus. Die Differenz zwischen der Wertpapierrendite und dem risikofreien Zins kann als *Risikoprämie*[63] der jeweiligen Anlage bezeichnet werden. Eine expansive Geldpolitik der Notenbanken, eingesetzt unter dem Gesichtspunkt einer die Konjunktur belebenden Form als systemkonforme Art der *Stabilitätspolitik*[64], ist zwar gut gemeint begünstigt aber im Gegenzug auch ein Anwachsen der Risikoprämien mit der Folge, dass die Anleger ihre jeweilige Risikoneigung erhöhen werden. Genau das ist in den zehn Jahren vor Ausbruch der Finanzmarktkrise passiert. Der „Hunger nach Rendite" wurde gestillt, ohne zugleich den „wahren Risiken" jener hybriden Finanzprodukte gebührend Achtung zu schenken[65]. Begünstigt wurden jene risikoreicheren Auslandsaktivitäten von Banken und Sparkassen durch den zunehmenden Wettbewerbsdruck. Angesichts geringer Gewinnmargen beim Privatkundengeschäft auf dem Heimatmarkt, mussten andere Märkte aufgesucht werden, auf denen höhere Erträge winkten. Die dabei gestiegenen

---

60 Neumann, Internationale Finanzkrise und die Geldpolitik der Europäischen Zentralbank, PWP 2009, 367(368-371).

61 Schütte, Lehren aus der Finanzkrise: Was ist zu tun? ifo Schnelldienst 3/2009, 17(17); Neumann, Internationale Finanzkrise und die Geldpolitik der Europäischen Zentralbank, PWP 2009, 367(367).

62 Mayer, Finanzkrise: Brauchen wir eine bessere Finanzaufsicht? ifo Schnelldienst 18/2007, 3(3f.).

63 Zum Begriff vgl. Franke/Hax, Finanzwirtschaft des Unternehmens und Kapitalmarkt, 5. Auflage, Berlin/Heidelberg/New York 2004, S. 68f.

64 Vgl. Woll, Volkswirtschaftslehre, 15. Auflage, München 2007, S. 590f.

65 Zutreffend Mayer, Finanzkrise: Brauchen wir eine bessere Finanzaufsicht? ifo Schnelldienst 18/2007, 3(4) und Adams, Wirtschaftskrise, Vergütungssysteme und nachhaltige Unternehmensentwicklung, ifo Schnelldienst 9/2009, 22(22f.). Zur Problematik vgl. ferner Krause-Junk, Moral und Gesetz - einige Anmerkungen zu Volker Arnold, PWP 2010, 99(101).

Risiken wurden aber nicht ausreichend in den Bilanzen der Banken abgesichert[66]. Damit ist eines der Kernprobleme der Finanzmarktkrise 2007/2008 angesprochen, nämlich das *Auseinanderfallen von Kompetenz und Haftung*. Für potentiell hohe Erträge auf dem Verbriefungsmarkt mussten die Finanzinstitute zunächst nur vergleichsweise geringe Haftungsrisiken in Kauf nehmen, was das Verfolgen kurzfristiger Gewinnmaximierungsstrategien enorm forcierte[67].

Auch die Investoren profitierten eine gewisse Zeit vom Ankauf der ABS, weil sie wegen der breiten Streuung des Forderungspools damit ihr Anlageportfolio noch besser diversifizieren konnten. Zugleich verloren kreditnehmertypische Risiken ihre Bedeutung, wie *Becker/Peppmeier*[68] betonen. In stark vereinfachter Form lässt sich eine typische ABS-Transaktion mit folgender Graphik anschaulich erklären:

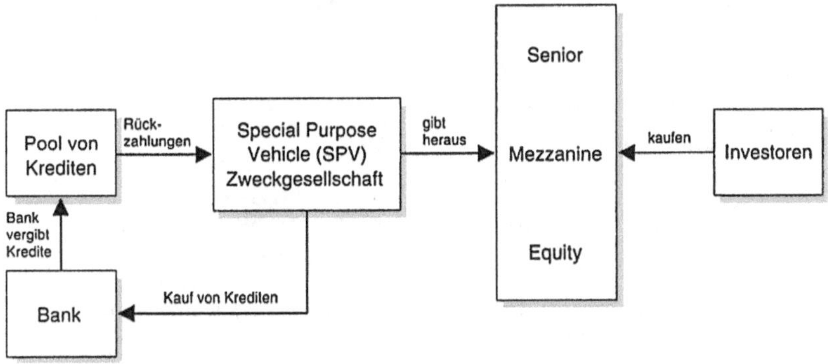

Quelle: Münchau, Kernschmelze im Finanzsystem, München 2008, S. 106.

Innerhalb des Forderungspools, welcher in obiger Abbildung dreigliedrig sowie in der nächsten Abbildung sogar viergliedrig ausfällt, lässt sich die Emission durchaus auch noch in mehreren Tranchen unterschiedlicher Bonität durchführen. In der Graphik verlaufen diese hier nach unten hin abnehmend bei entgegengesetzt sich verhaltenden potentiellen Renditen. Dabei werden die aus dem Pool eingehenden Zahlungsströme in der Regel so verteilt, dass zunächst die Investoren mit der Senior Tranche (Rating: AAA bis A) bedient und danach erst die Inhaber der restlichen Tranchen (Rating: BBB bis Equity) an die Reihe

66 Siehe stellvertretend Hagedorn, Die Subprime-Krise und ihre Folgen – Turbulenzen an den Finanzmärkten, Die Bank 12/2007, 20(21).

67 Enste, Die Krise: Ethik und Vertrauen, WISU 2009, 808(808f.).

68 Becker/Peppmeier, Bankbetriebslehre, 7. Auflage, Ludwigshafen 2008, S. 206.

kommen[69]. Die unterste Tranche, bezeichnet als Equity, verfügt über kein Rating. Die Equity-Tranche behält die kreditgebende Bank (Originator) und reicht diese nicht an die Zweckgesellschaft weiter, weil in dieser Tranche diejenigen Forderungen gebündelt worden sind, bei denen zuerst mit Forderungsausfällen gerechnet werden muss. Mit jenem eben beschriebenen *Subordinationsprinzip*[70] (*Wasserfallprinzip*) kann dem „unterschiedlichen Risikoappetit" der Anleger Rechnung getragen werden, wie *Rudolph*[71] betont. Außerdem half es, zumindest im Modell, „risikoarme Papiere zu kreieren", um diese gegenüber der Kundenzielgruppe des Typs „risikoaverse Anleger" zu offerieren. Das Subordinationsprinzip lässt sich stark vereinfacht wie folgt abbilden:

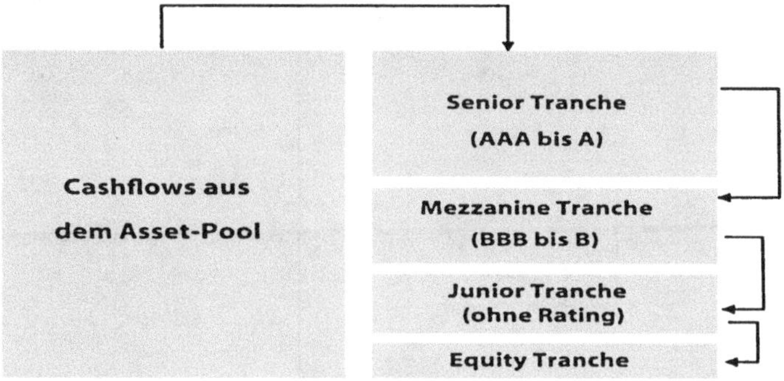

Quelle: Rudolph, Lehren aus den Ursachen und dem Verlauf der internationalen Finanzkrise, zfbf 2008, 713(719).

Werden jene strukturierten Finanzprodukte verstärkt am Markt angeboten und nachgefragt, so verschwinden mithin auch die Grenzen, die zwischen dem „klassischen Bankkreditgeschäft" und dem Investmentbanking bestehen. Die dabei existierende asymmetrische Information zu Lasten der Investoren kann mit Hilfe von Ratingagenturen nicht überwunden werden, weil es nicht gelingt, die Risikostruktur der jeweiligen Tranche richtig zu bewerten[72]. Enorm begünstigt wur-

69 Eine Übersicht über die Tranchierungsmodelle der Praxis bietet Krahnen, Der Handel von Kreditrisiken: Eine neue Dimension des Kapitalmarktes, PWP 2005, 499(502-508).

70 Vgl. Krahnen, Der Handel von Kreditrisiken: Eine neue Dimension des Kapitalmarktes, PWP 2005, 499(504); Becker/Peppmeier, Bankbetriebslehre, 7. Auflage, Ludwigshafen 2008, S. 205f.

71 Rudolph, Lehren aus den Ursachen und dem Verlauf der internationalen Finanzkrise, zfbf 2008, 713(719).

72 Fender/Mitchell, Strukturierte Finanzierungen: Komplexität, Risiken und die Rolle von Ratings, BIZ Quartalsbericht Juni 2005, 77(77f.). Ebenso kritisch äußerte sich 2009 Adams, in: ifo Schnelldienst 3/2009, 22(22). Vor dem Ausbruch der Finanzkrise sah

de in den USA die ökonomische Attraktivität von ABS-Transaktionen und die Inanspruchnahme von Immobiliarkrediten seitens der US-amerikanischen Verbraucher durch das von 2001 bis Mitte 2004 bestehende relativ niedrige Zinsniveau[73]. Ab 2005 änderte sich das. Die wachsende Zinsbelastung brachte viele private Immobilienerwerber in den Staaten in Bedrängnis. So wird behauptet, die Standards der banküblichen Sorgfalt bei der Kreditvergabe hätten sich seit 2005 zunehmend verschlechtert, wobei gleichzeitig die Nachfrage seitens der Investoren nach verbriefungsfähigen Hypothekendarlehen gestiegen sei. Auch seien die aufgelegten strukturierten Finanzprodukte immer undurchsichtiger und riskanter geworden[74]. Warum gerade dann beim Erwerb jener Titel die Prüfungssorgfalt abgenommen haben soll, lässt sich eigentlich nur damit erklären, dass man der irrigen Auffassung gewesen sein muss, man könne wegen des beabsichtigten schnellen Weiterverkaufs der Papiere auf deren inhaltliche Überprüfung weitgehend verzichten[75].

In diesem Zusammenhang spielt auch folgende amerikanische Finanzierungsbesonderheit eine wichtige Rolle beim 2. Teil der Krisenerklärung. Die Kreditnehmer mussten als Sicherheiten nur die eingebrachte (bebaute) Immobilie angeben. Die Pfändung von Arbeitseinkommen und andere Zwangsvollstreckungsmaßnahmen hatten die „Häuslebauer", anders als in Deutschland, nicht zu befürchten. Wurde also die Zinsbelastung zu hoch, mussten man den Banken zwar das jeweilige Finanzierungsobjekt überlassen und ausziehen. Das war es

---

Krahnen das Ganze noch eher in einem optimistischen Bild. Siehe Krahnen, Der Handel von Kreditrisiken: Eine neue Dimension des Kapitalmarktes, PWP 2005, 499(514), wo im Hinblick auf die mit der Note AAA „gerateten" Tranchen auf 10 Jahre rückblickend einer extrem geringen Verlustverteilung noch das Wort geredet worden ist. Zudem seien bei einer „optimalen Strukturierung der Papiere" gerade die jetzt in Rede stehenden ABS gegen unerwartete systemweite Schocks gefeit; vgl. ebenda. Die Praxis sah und sieht anders aus. In einem neueren Artikel „rudert Krahnen allerdings wieder zurück" und betont dort zusammen mit Franke, man habe die potentiellen Risiken für die Erwerber besagter strukturierter Papieren bereits vorhergesehen. Siehe Franke/Krahnen, Instabile Finanzmärkte, PWP 2009, 335(353), wo nunmehr die These vertreten wird, „eine zunehmende Intermediatisierung der Geldanlagen verursache Blasen beziehungsweise begünstige inverse Blasen."

73 Neumann, Internationale Finanzkrise und die Geldpolitik der Europäischen Zentralbank, PWP 2009, 367(367); Hausner, Die Abkühlung der Weltwirtschaft durch die Finanzkrise, WiSt 2009, 40(40).

74 Kübler, Die Krise der amerikanischen Hypothekenverbriefungen - Ursachen und Herausforderungen, in: Grundmann u. a. (Hrsg.), Festschrift für Eberhard Schwark zum 70. Geburtstag, Unternehmensrecht zu Beginn des 21. Jahrhunderts, München 2009, S. 507.

75 Roubini/Mihm, Das Ende der Weltwirtschaft und ihre Zukunft, Frankfurt am Main 2010, S. 96.

dann aber im Wesentlichen auch schon. Allerdings führte die zunehmend wachsende Anzahl von Immobilienüberlassungen an die Banken aufgrund von Verbraucherinsolvenzen zu einem regelrechten Preisverfall auf dem Immobilienmarkt, was vor allem für die Immobilien aus dem Subprime-Schuldnersegment galt. Die Immobilienfinanzierer beziehungsweise die eingeschalteten Zweckgesellschaften mussten in der Folgezeit erhebliche Wertberichtigungen in ihren Bilanzen vornehmen. Nun begann die Krise sich so richtig auszubreiten.

Ursprünglich war beabsichtigt gewesen, mit Hilfe der ABS-Transaktionen die durchaus vorhandenen Risiken des Geschäftsmodells zu streuen und somit einzugrenzen. Hierzu diente auch das Weiterreichen der strukturierten Papiere an die Gruppe der Forderungsaufkäufer. Mit der von Bankenseite aus erfolgten Gründung und Zwischenschaltung der Zweckgesellschaften (SPV) waren besagte bereits vorhandene Risiken zunächst nicht in den Bilanzen der Immobilienfinanzierer aufgetaucht. Das hatte dann dazu geführt, dass die Ratingagenturen die Bonität jener Kreditanbieter größtenteils als hervorragend einstuften (AAA), was bedauerlicherweise nicht der damaligen Realität entsprochen hatte[76]. Bis zur Mitte des Jahres 2007 erhielten 60% der 37.000 Emissionen strukturierter Papiere ein Rating von AAA, zuvor waren es lediglich 1%, weshalb *Adams*[77] zu Recht die Ansicht vertritt, dies hätte vor allem den deutschen Staatsbanken als Warnsignal dienen müssen. Auch die Kontrolle durch staatliche Aufsichtsbehörden verlief eher lasch. So führte der unter den Banken existierende *Standortwettbewerb* im Ergebnis dazu, dass nationale Aufsichtsbehörden nationale Banken weniger streng kontrollierten und deren „innovative Finanzprodukte“ bewusst keiner größeren rechtlichen Regulierung unterlagen. Die These von der „Unwissenheit der staatlichen Aufsichtsgremien“ erscheint damit in einem anderen Licht[78].

---

76 Stellvertretend wird auf Fendel/Frenkel, Die Subprime-Krise 2007/2008: Ursache, Auswirkungen und Lehren, WiSt 2009, 78(81), verwiesen. Zu den Problemen des Rating in der Praxis siehe Franke/Krahnen, Instabile Finanzmärkte, PWP 2009, 335(342).

77 Adams, Wirtschaftskrise, Vergütungssysteme und nachhaltige Unternehmensentwicklung, ifo Schnelldienst 9/2009, 22(22). Kritik übt diesbezüglich ebenso Winkhaus, Nach der Bankenkrise - was ist zu tun? in: Festschrift anlässlich des 50-jährigen Bestehens des Forschungsinstitutes für Wirtschaftsverfassung und Wettbewerb e.V. (Hrsg.), Wettbewerbspolitik und Kartellrecht in der Marktwirtschaft, Köln 2010, S. 117.

78 Zu dieser Erkenntnis gelangt ebenso Sinn, der von einem „Laschheitswettbewerb“ im Hinblick auf die Aktivitäten der staatlichen Bankenregulierung spricht. Siehe Sinn, Kasino Kapitalismus. Wie es zur Finanzkrise kam und was jetzt zu tun ist, Berlin 2009, S. 175.

Tatsächlich erreichte mit leichter Zeitverzögerung dann die Finanzmarktkrise die dritte Gruppe in Gestalt der *Investoren*, wodurch die Problematik anfing, globale Ausmaße anzunehmen. Anstelle zweistelliger Renditen mussten nun die Investoren wegen der beschriebenen Wertänderungen der erworbenen Papiere ihre Erwartungen erheblich nach unten hin korrigieren. Also hatten nunmehr auch die Investoren die entsprechend notwendigen Wertberichtigungen in ihren Bilanzen vorzunehmen. Wegen der Komplexität der erworbenen Finanzprodukte zahlten jetzt als nächste viele Investoren „Lehrgeld". Eigentlich sollten hochentwickelte mathematische Modelle und Verfahren zur Beurteilung von Risiken und Marktentwicklungen dabei helfen, die zwischen den Vertragspartnern vorhandene Informationsasymmetrie auf dem Verbriefungsmarkt abzubauen[79]. Das seitens der Beteiligten hierauf gerichtete Vertrauen ersetzte nicht selten den gesunden Menschenverstand und die bislang in der bankbetrieblichen Praxis gewonnenen Erfahrungswerte. Jene mitunter vorherrschende „Modellverliebtheit machte blind für die Wahrnehmung systematischer Risiken"[80]. Alles erschien nun transparent und kalkulierbar. Wenn man bei mathematisch-statistischen Bewertungsmodellen von der Unabhängigkeit der Einzelrisiken ausgeht, um vorgegebene Ausfallwahrscheinlichkeiten noch zu unterschreiten und dann zudem noch das Risiko, dass der gesamte Markt kollabieren könnte, ausblendet, dann vernachlässigt man unweigerlich das sog. *„Systemrisiko"* [81]. Wer beispielsweise als Anleger in der Zeit bis 2007 eine deutlich zweistellige Eigenkapitalrendite forderte, übersah gleichwohl dabei, dass dies nur mit dem Eingehen erhöhter Anlagerisiken möglich war. Das ist eine „marktwirtschaftliche Binsenweisheit". Sicherlich waren im „klassischen Privatkundengeschäft der Banken" solche Erträge nicht realisierbar. Deshalb wurde dieser eher nicht lukrative Ge-

---

79 Dass auch die Käufer jener verbrieften Kreditpakete aus Unkenntnis, Bequemlichkeit oder anderen Gründen nur bedingt schutzwürdig seien, führt Winkhaus gegen den Reformvorschlag an, Kreditverkäufer in Zukunft kraft Gesetzes verstärkter in die Haftung zu nehmen; siehe Winkhaus, Nach der Bankenkrise - was ist zu tun? in: Festschrift anlässlich des 50-jährigen Bestehens des Forschungsinstitutes für Wirtschaftsverfassung und Wettbewerb e.V. (Hrsg.), Wettbewerbspolitik und Kartellrecht in der Marktwirtschaft, Köln 2010, S. 124f.

80 Ein Beispiel: Werden in den Berechnungsverfahren Datenreihen mit einer eher kurzen Historie zugrunde gelegt, und bildet dabei besagter Zeitraum zudem noch äußerst günstige Verhältnisse ab - gemeint sind sehr niedrige Zinsen bei gleichzeitig hoher Liquidität -, dann führt das bei den Berechnungen der Performance im Modell zu einer Überbetonung der Chancen bei gleichzeitiger Vernachlässigung der Risiken. Siehe diesbezüglich Schütte, Lehren aus der Finanzkrise: Was ist zu tun? ifo Schnelldienst 3/2009, 17(18).

81 Sinn, Kasino Kapitalismus. Wie es zur Finanzkrise kam und was jetzt zu tun ist, Berlin 2009, S. 144-147.

schäftszweig, der zudem noch wegen „Basel II"[82] mit einem nicht unbeträchtlichen Eigenkapital zu hinterlegen war, im Laufe der Zeit zurückgefahren. Der „Löwenanteil" der Milliardengewinne der Banken wurde im zwar riskanten aber lukrativen *Eigenhandel* verdient[83]. Gleichzeitig wurde das bei den marktbasierten Bankgeschäften nicht benötigte Eigenkapital über Aktienrückkäufe an die Aktionäre zurück gegeben, was wiederum - mathematisch betrachtet - die Eigenkapitalrendite der Banken erhöhte und daraufhin deren Aktienkurse positiv stimulierte[84]. Auch wird man sich die Frage stellen müssen, ob sich die Banken überhaupt ihrer sog. „Systemrelevanz" im Hinblick auf die Realwirtschaft im Klaren gewesen sind. Auch wenn dieses Thema hier nicht weiter verfolgt werden kann, erscheint dessen Aufarbeitung aus präventiven Erwägungen heraus betrachtet nicht unwichtig zu sein[85]. Soweit zunächst zu den Banken und deren die Finanzmarktkrise auslösenden Aktivitäten.

Die Anzahl der von der Finanzmarktkrise „infizierten" Unternehmen weitete sich ferner auf die Gruppe der *Kreditausfallrisikoversicherer* aus. Bei Handelsgeschäften mit derivaten Finanzinstrumenten gehörten zu den Verwendungsmotiven neben der *Spekulation* und der *Arbitrage* auch das Handelsmotiv der *Absicherung*, welches zu Beginn der 90ér Jahre zunehmend an Bedeutung in der bankbetrieblichen Praxis gewonnen hatte. Starke Preisschwankungen an den Rohstoff-, Aktien-, Währungs- und Zinsmärkten hatten schon zum damaligen Zeitpunkt besagtes Absicherungsmotiv entstehen lassen[86]. In diesem Zusammenhang spielt das Finanzprodukt des Credit Default Swap (CDS) und dessen Anbieter, auch Bonitätsrisikokäufer (Versicherer) genannt, eine entscheidende Rolle. Stark vereinfacht ausgedrückt bieten diese Bonitätsrisikokäufer den Bonitätsrisikoverkäufern, also den Investoren, eine Versicherung gegen Zahlungsaus-

---

82 Mangelnde Transparenz im Finanzsektor führte dort zu einem Teilmarktversagen, was eine stärkere Kontrolle der Aktivitäten der Finanzinstitute über die Regelungen von „Basel I" und „Basel II" zur Folge hatte; vgl. dazu als Einstieg in die Thematik Baßeler/Heinrich/Utecht, Grundlagen und Probleme der Volkswirtschaft, 19. Auflage, Stuttgart 2010, S. 518f.

83 Daher könne man bei einer ironischer Sicht der Dinge mit Schütte auch „die Deutsche Bank als größten Hedgefonds mit angeschlossenem Bankgeschäft" bezeichnen; siehe Schütte, Lehren aus der Finanzkrise: Was ist zu tun? ifo Schnelldienst 3/2009, 17(18).

84 Eine kurze Einführung zum Thema „Aktienrückkaufprogramme" bieten Beike/Schlütz, Finanznachrichten, 2. Auflage, Stuttgart 2001, S. 68-72.

85 Zum Meinungsstand vgl. Winkhaus, Nach der Bankenkrise - was ist zu tun? in: Festschrift anlässlich des 50-jährigen Bestehens des Forschungsinstitutes für Wirtschaftsverfassung und Wettbewerb e.V. (Hrsg.), Wettbewerbspolitik und Kartellrecht in der Marktwirtschaft, Köln 2010, S. 116f.

86 Becker/Peppmeier, Bankbetriebslehre, 7. Auflage, Ludwigshafen 2008, S. 269.

fälle an[87]. In bankbetriebswirtschaftlicher Hinsicht handelt es sich allerdings nicht um Versicherungsgesellschaften, sondern um eben jene derivativen Finanzinstrumente, die damals nicht der Finanzaufsicht unterlagen. Deshalb ist nicht sicher, ob die vertraglich garantierte Versicherungsleistung beim Eintritt des Versicherungsfalls auch geleistet werden kann[88]. In bankrechtlicher Hinsicht stellen CDS ebenfalls keine Versicherungsleistungen dar. Vielmehr handelt es sich bei der Struktur des derivativen Finanzprodukts lediglich um eine vertraglich vereinbarte Option, also nur um die Bezeichnung für Finanztransaktionen, was deren „aufsichtsfreie Ausbreitung" begünstigt haben dürfte. Es ist bisweilen auch vom sog. *„Schattenbankenmarkt"*[89] die Rede. Im Zuge der Finanzmarktkrise wurden viele Kredite nicht zurückgezahlt mit der Folge, dass besagte Bonitätsrisikokäufer nun in die Pflicht genommen worden waren. Eben aus diesem Grunde waren etliche Sicherungsgeber in ökonomische Bedrängnis geraten[90]. Dies betraf in den USA vor allem den zweitgrößten Versicherer der Welt, die *American International Group (AIG)*, die bis dahin sehr stark auf dem Markt für CDS[91] aktiv gewesen war und nun ihre Verpflichtungen aus der „Flut an CDS-Verträgen" nicht mehr erfüllen konnte. Nur durch massive staatliche Finanzhilfen seitens der US-Regierung konnte der Zusammenbruch von AIG, und damit auch der Einbruch des Marktes für CDS, letztendlich verhindert werden. Der

87 Becker/Peppmeier, Bankbetriebslehre, 7. Auflage, Ludwigshafen 2008, S. 350.

88 Hier gilt das lateinische Prinzip des „caveat emptor", was letztlich bedeutet, „Käufer pass auf!", wie Münchau, Kernschmelze im Finanzsystem, München 2008, S. 90, zutreffend hervorhebt.

89 Gemeint sind Finanzakteure, die keine offiziellen Banken waren und sich nicht über das Zentralbankensystem der USA finanzierten, aber bankähnliche Geschäfte betrieben, wie beispielsweise Investmentbanken, Hedgefonds etc. Vgl. diesbezüglich die Ausführungen bei Roubini/Mihm, Das Ende der Weltwirtschaft und ihre Zukunft, Frankfurt am Main 2010, S. 91, S. 110 und S. 114f. Zur Problematik aus informationsökonomischer sowie geld- und währungspolitischer Sicht: Neumann, Internationale Finanzkrise und die Geldpolitik der Europäischen Zentralbank, PWP 2009, 367(382ff.) sowie Issing, Kommunikation, Transparenz, Rechenschaft – Geldpolitik im 21. Jahrhundert, PWP 2005, 521(525ff.). Zur Thematik aus der Sicht der Finanzmarktregulierung siehe Sanio, Die Zukunftssorgen der Vorwegnehmer, Die Bank 4/2011, 36(39f.).

90 Vgl. Fendel/Frenkel, Die Subprime-Krise 2007/2008: Ursache, Auswirkungen und Lehren, WiSt 2009, 78(81), verwiesen.

91 Nach Schätzungen der Bank für Internationalen Zahlungsausgleich (BIZ) betrugen allein die Gesamtaktiva der Hedgefonds und Zweckgesellschaften zu Anfang des Jahres 2007 ca. 8,5 Billionen US-Dollar. Ferner hatten Bankexperten den Markt für CDS im Jahre 2008 auf ein Volumen von ca. 62 Billionen US-Dollar geschätzt. Das entsprach in etwa dem Weltbruttosozialprodukt von 2008! Vgl. Bank for International Settlements (BIZ in Deutsch), 78th Annual Report, Basel 2008 sowie Münchau, Kernschmelze im Finanzsystem, München 2008, S. 48.

Ruf nach rechtlichen Beschränkungen der Aktivitäten der Finanzinstitute wurde daraufhin verständlicherweise laut. Ob demgegenüber die Finanzmärkte im fraglichen Zeitraum bereits „überreguliert“[92] gewesen waren, wie aus „banknahen Kreisen“ teils vermutet wurde und wohl auch noch wird, ist alles andere als nur eine reine Glaubensfrage.

1.3 Zunehmende Globalisierung der Finanzmarktkrise

In den USA führte die wachsende Anzahl derjenigen Verbraucher, die ihre Kreditverpflichtungen gegenüber den Immobilienfinanzierern nicht mehr erfüllen konnten, zwangsläufig am anderen Ende der ABS-Transaktionskette zu einer Neubewertung der forderungsbesicherten Wertpapiere. Da jene innovativen und teils äußerst komplexen Finanzprodukte über die internationalen Kapitalmärkte gehandelt wurden, kam die Finanzmarktkrise jetzt ebenso bei den *Wertpapiererwerbern* an. In den Jahren 2007 bis 2009 nahm die „epidemische Ausbreitung der Krise“ ihren Lauf. Über die folgenden *vier Kanäle* wurde die *„Globalisierung der Finanzmarktkrise“* noch um ein weiteres angeheizt[93]:

(1) Gefahr eines Zusammenbruchs des Interbankenmarktes:

Die Geschäftsbanken sind seit einigen Jahren über den Interbankenmarkt enger als früher miteinander verzahnt und nutzen dort verstärkt die Möglichkeit, sich auch ohne direktes Mitwirken der Zentralbanken im Sinne von *Offenmarktgeschäften* günstig durch gegenseitige Kreditvergabepraktiken zu *refinanzieren*[94].

---

92 Siehe Kübler, der insoweit auf amerikanische Quellen verweist: Kübler, Die Krise der amerikanischen Hypothekenverbriefungen - Ursachen und Herausforderungen, in: Grundmann u. a. (Hrsg.), Festschrift für Eberhard Schwark zum 70. Geburtstag, Unternehmensrecht zu Beginn des 21. Jahrhunderts, München 2009, S. 510, vgl. dort die Nachweise über den Stand der Literatur in Fn. 65. Im Ergebnis zustimmend Schmitz, Die Erneuerung vorantreiben, Die Bank 4/2011, 28(32f.).

93 Eine kurze und prägnante Übersicht bieten hierzu Fendel/Frenkel, Die Subprime-Krise 2007/2008: Ursache, Auswirkungen und Lehren, WiSt 2009, 78(81f.). Siehe zudem Winkhaus, Nach der Bankenkrise - was ist zu tun? in: Festschrift anlässlich des 50-jährigen Bestehens des Forschungsinstitutes für Wirtschaftsverfassung und Wettbewerb e.V. (Hrsg.), Wettbewerbspolitik und Kartellrecht in der Marktwirtschaft, Köln 2010, S. 119.

94 Was die Frage der Sicherung der Liquidität in Bezug auf das Bankensystem anbelangt, wird auf Neumann verwiesen; vgl. Neumann, Internationale Finanzkrise und die Geldpolitik der Europäischen Zentralbank, PWP 2009, 367(373f.). Eine erste Übersicht über die von der EZB in der Praxis eingesetzten geldpolitischen Konzeptionen bieten Clement/Terlau/Kiy, Grundlagen der Angewandten Makroökonomie – Eine Verbindung

In guten Zeiten gab es hier keine Probleme. Mit dem Ausbruch der Finanzmarktkrise änderte das sich schlagartig. Die Banken trauten sich jetzt gegenseitig nicht mehr über den Weg. Laufzeiten und Kreditvergabevolumina wurden stark eingeschränkt. So drückten extrem hohe Risiko- und Liquiditätsaufschläge am Interbankenmarkt das gegenseitig vorhandene Misstrauen unter den Akteuren aus. Letztlich nahmen die am Interbankenmarkt getätigten Kreditvergabegeschäfte so stark ab, dass es fast zu einer *„Austrocknung des Interbankenmarktes“*[95] gekommen wäre. Für den europäischen Geldmarkt lässt sich das anhand der im Zeitraum Juli 2007 bis Januar 2009 tendenziell zunehmenden Zinsdifferenz („Spread“), welche zwischen dem Interbankenzins (3-Monats-EURIBOR) einerseits und dem Leitzins der EZB andererseits beobachtet werden konnte, belegen. Stark vereinfacht ausgedrückt: Je teurer die bankenintern vergebenen Kredite wurden - ausgedrückt durch den wachsenden Zinsabstand in Richtung 3-Monats-EURIBOR -, desto mehr wuchs das Misstrauen unter den Akteuren und desto wichtiger wurde jetzt wieder die „klassische“ Form der Refinanzierung, nämlich über die Zentralbanken. Um den völligen Zusammenbruch von Finanzderivaten zu verhindern, verfolgte die Bankenaufsicht in den USA und in Europa die Strategie, jene aufgrund von asymmetrischer Information entstandenen misstrauensbedingten „Gegenparteirisiken“ abzubauen, indem die Vielzahl der „Gegenparteien“ durch eine einzige „Gegenpartei“, das sog. *„Clearinghouse“*, ersetzt werden sollte[96]. Bekannt ist dieser Ansatz von den Terminbörsengeschäften, wo jener „Clearingstelle“ die Aufgabe zukommt, als zentrale Einrichtung die Erfüllung der Kontrakte auf den Terminmärkten zu garantieren. Dadurch werden die einzelnen Beteiligten von der Bonitätsprüfung des anderen Kontrahenten entlastet[97]. Im Ergebnis hatten die Banken diesen Ansatz schon auf dem Geldmarkt aufgegriffen, indem man den Kredithandel untereinander zwar einstellte sich dafür aber das Geld von der Zentralbank, hier verstanden als sog. „Clearinghouse Lösung“, über die Verpfändung von Wertpapieren besorgte.

---

von Makroökonomie und Wirtschaftspolitik mit Fallbeispielen, 4. Auflage, München 2006, S. 461-468.

95 Franke/Krahnen, Instabile Finanzmärkte, PWP 2009, 335(344). Vgl. ferner Obertreis, Das Vertrauen kehrt langsam zurück, Badische Zeitung vom 22.5.2009, S. 20 und Roubini/Mihm, Das Ende der Weltwirtschaft und ihre Zukunft, Frankfurt am Main 2010, S. 136.

96 Franke/Krahnen, Instabile Finanzmärkte, PWP 2009, 335(361), siehe dort insbesondere der Text zu Fn. 42.

97 Zur sog. „Clearinghouse“ Lösung siehe Beike/Schlütz, Finanznachrichten, 2. Auflage, Stuttgart 2001, S. 480-485. Aus amerikanischer Sicht: Roubini/Mihm, Das Ende der Weltwirtschaft und ihre Zukunft, Frankfurt am Main 2010, S. 271.

Wegen der globalisierungsbedingten Ausweitung der Finanzmarktkrise verloren zudem die Bankaktien vieler Anleger erheblich an Wert. Die aufgrund von Informationsasymmetrien drohenden Probleme, wie insbesondere die Gefahr opportunistischen Handelns im Allgemeinen und die des „Moral Hazard" im Besonderen hatten jetzt den Interbankenmarkt erreicht, um sich dann bis hin zur Realwirtschaft weiter zu verbreiten. Nach den US-amerikanischen Banken mussten mit einer leichten Zeitverzögerung jetzt die deutschen Investoren, allen voran die deutschen Landesbanken, Wertberichtigungen in bislang ungewohnten Ausmaßen in ihren Bilanzen vornehmen[98]. Eines machte das deutlich: Die Globalisierung der Weltwirtschaft hat inzwischen zu einer enormen Vernetzung - national wie international - der Finanzinstitute geführt. So betrug beispielsweise im Oktober 2008 der Anteil der Kredite, welche die deutschen Banken an das Ausland gewährten, fast die Hälfte deren Gesamtkreditumfanges[99].

(2) Refinanzierungsprobleme und das vorläufige Ende des Investmentbanking:

Die Finanzmarktkrise betraf inzwischen die Passivseite der US-amerikanischen Bankbilanzen, weil eine Finanzierung der Bankgeschäfte jenseits des Zentralbankensystems zunehmend problematischer geworden war. In den USA unterliegen die Aktivitäten der Investmentbanken weitgehend nicht der Finanzaufsicht des Federal Reserve Systems (FED), weil es sich bei diesen risch[100], und somit bankrechtlich betrachtet, nicht um Geschäftsbanken handelt[101]. Im Gegenzug wurde den besagten „Nichtbanken" eine Refinanzierung über die Annahme von Zentralbankkrediten verwehrt. Um sich bei der FED liquide Mittel verschaffen zu können, erklärten sich so prominente Investment-

98 Seit dem Ausbruch der Finanzmarktkrise im Jahre 2007 haben allein die deutschen Banken ca. 70 Mrd. USD an Wertberichtigungen in ihren Bilanzen vornehmen müssen. Siehe hierzu Hellerforth, Die globale Finanzmarktkrise - Ursachen und Auswirkungen auf die Immobilien- und Realwirtschaft, Hamburg 2009, S. 108.

99 Bank for International Settlements (BIZ in Deutsch), 79th Annual Report, Basel 2009, S. 61.

100 Zum deutschen Bankbegriffsverständnis siehe Becker/Peppmeier, Bankbetriebslehre, 7. Auflage, Ludwigshafen 2008, S. 14-22.

101 Nach US-amerikanischem Bankrecht definieren sich Banken über deren Aktivitäten im Bereich des Einlagegeschäfts. D.h., wer hierauf verzichtet, wie beispielsweise die Investmentbanken, und sich nur durch die Ausgabe von Wertpapieren finanziert, stellt demnach keine Bank dar und wird somit von bankenaufsichtsrechtlichen Maßnahmen weitgehend nicht tangiert. Das hat Vor- und Nachteile. Im Zusammenhang mit der Finanzmarktkrise sind es die Nachteile, welche überwogen hatten, wie Fendel/Frenkel, Die Subprime-Krise 2007/2008: Ursache, Auswirkungen und Lehren, WiSt 2009, 78(82), zu Recht betonen.

banken, wie *Morgan Stanley* und *Goldman Sachs*, im September 2008 wieder zu „traditionellen Geschäftsbanken". Anderenfalls hätte der „totale Bankencrash" in den USA bald reale Formen angenommen. Das bis dato so lukrative Investmentbanking stand vor dem Aus.

(3) Drohende Vertrauenskrise und Gefahr eines „Bank Run":

Über die Medien kam es zur Bekanntgabe der Namen, wie beispielsweise *Lehmann Brothers* und *Merril Lynch*, welche als vormals „erste Adressen" in den USA nun der Finanzmarktkrise zum Opfer gefallen waren. Unklar war allein, wer als nächstes insolvent werden würde. Ein in wirtschaftspsychologischer Hinsicht bekanntes Phänomen schien sich auszubreiten. Aufgrund der bisherigen Ereignisse fürchteten viele Konsumenten - wohl nicht immer ganz zu Unrecht - um den Bestand ihrer Einlagen, auch wenn diese nicht einmal risikobehaftet angelegt gewesen waren. Im Ergebnis existierte nunmehr nicht nur ein Vertrauensdefizit unter den Finanzdienstleistern, sondern jetzt bereitete das *Privatkundengeschäft* zunehmend Probleme. Das galt allen voran im Verhältnis zu den privaten Einlage Gebern. Wie zu Zeiten der Weltwirtschaftskrise bestand jetzt sogar die Gefahr eines „Bank Run"[102]. Einen massenhaften Abzug der Einlagen hätten die Geschäftsbanken niemals überlebt. So musste in Deutschland die Regierung handeln und zumindest verbal die Sicherheit jener Privatgelder „garantieren". Zum Glück blieb es weitgehend bei den seitens der Regierung gemachten Ankündigungen. Nochmals zur Erinnerung: In Deutschland rettete die Bundesregierung mit Staatsgeldern sowohl die HypoRealEstate als auch deutsche Großbanken vor der drohenden Insolvenz. Insbesondere erhielt die Commerzbank vom Bund 18,2 Mrd. Euro in Form zweier stiller Einlagen, außerdem beteiligte sich der Bund an der Commerzbank mit 25%[103].

---

102 Gerade die Umwandlung von kurzfristigen Spareinlagen in Richtung der Vergabe von langfristigen Krediten erhöht auf Seiten der Kreditinstitute die Gefahr eines sog. „Bank Run"; siehe Reinhart/Rogoff, Dieses Mal ist alles anders – Acht Jahrhunderte Finanzkrisen, 3. Auflage, München 2010, S. 221.

103 Zu den Details siehe Hellerforth, Die globale Finanzmarktkrise - Ursachen und Auswirkungen auf die Immobilien- und Realwirtschaft, Hamburg 2009, S. 138f. Zum Frühjahr 2010 beliefen sich die Kosten der Aktion „Commerzbank-Rettung" bereits auf 23,2 Mrd. Euro; vgl. Winkhaus, Nach der Bankenkrise - was ist zu tun? in: Festschrift anlässlich des 50-jährigen Bestehens des Forschungsinstitutes für Wirtschaftsverfassung und Wettbewerb e.V. (Hrsg.), Wettbewerbspolitik und Kartellrecht in der Marktwirtschaft, Köln 2010, S.120.

(4) Übertragung der Krise von der Finanzwirtschaft auf die Realwirtschaft:

Jene sog. *„Spillovers"* sind in unterschiedlicher Form beobachtbar. Die bereits dargelegten bankeninternen Liquiditätsprobleme verschlechtern zwangsläufig gegenüber der Privatwirtschaft die Kreditvergabemodalitäten. In Anbetracht eines globalisierungsbedingt zunehmenden Wettbewerbsdrucks in Handel und Industrie bei einer gleichzeitig eher geringen Eigenkapitalquote, die viele Unternehmen nur vorweisen können, sind diese dringend auf möglichst günstige Fremdfinanzierungsmodelle der privaten Kreditanbieter angewiesen. Die weiteren volkswirtschaftlichen Auswirkungen jener *„Spillovers"* lassen sich aus der Sicht der europäischen Geld- und Währungspolitik wie folgt veranschaulichen: Die Frage, wie sich die seitens der EZB gesetzten geldpolitischen Impulse auf die makroökonomischen Indikatoren Wirtschaftswachstum, Inflation, Einkommen, Güterpreise, Konsum und Beschäftigung auswirken, ist Gegenstand der *Transmissionstheorien*[104]. Für die vorliegende Untersuchungsthematik interessiert primär der *kredittheoretische Transmissionsansatz*. Deren Vertreter argumentieren, das Kreditangebot der Banken stehe im Vordergrund bei der geldpolitischen Analyse. Demnach hätten die geldpolitischen Maßnahmen der EZB, wie beispielsweise die Steuerung der freien Bankenliquidität durch die EZB, einen direkten Einfluss auf die Preise und/oder Mengen des Kreditangebots. Also hängen die ökonomischen Entscheidungen der Unternehmen und der privaten Haushalte in einem erheblichen Umfang von den eingeräumten Bankkrediten ab. In Krisenzeiten bedeutet dass, die EZB müsse den Refinanzierungsrahmen der Geschäftsbanken verbessern, um so deren Überschussreserven zu erhöhen, die dann zwecks Kreditvergabe an den Nichtbankensektor die gewünschten Investitions- und Konsumeffekte auf den Gütermärkten mit sich brächten. Das gelte schon deshalb, weil gerade für Banken in der Euro-Zone die Bedeutung der EZB als Basisgeldbeschaffer während der Finanzmarktkrise noch einmal gewachsen war[105]. Mit der folgenden *Graphik* lässt sich das Gesagte veranschaulichen:

---

104 Samuelson/Nordhaus, Volkswirtschaftslehre, Landsberg am Lech 2005, S. 760ff.; Clement/Terlau/Kiy, Grundlagen der Angewandten Makroökonomie – Eine Verbindung von Makroökonomie und Wirtschaftspolitik mit Fallbeispielen, 4. Auflage, München 2006, S. 476.

105 Bedenkt man, dass ca. 70% der Basisgeldbeschaffung im Euroraum über die EZB abläuft, und diese seit Oktober 2008 die Kreditvergabebedingungen nochmals für Banken verbessert hat, dann belegt das eindeutig, welche Bedeutung innerhalb der Volkswirtschaften wiederum der Kreditvergabepraxis der Banken an den Staat, an die Unternehmen und an die Verbraucher beizumessen ist. In Bezug auf die seitens der Banken bei der EZB zu hinterlegenden Sicherheiten bestehen allerdings im Zusammenhang mit der seit 2008 praktizierten Liberalisierung gleichwohl Bedenken, wie Neumann zutreffend anmerkt. So wurden u. a. als Sicherheiten gegen Zentralbankgeld auch strukturierte

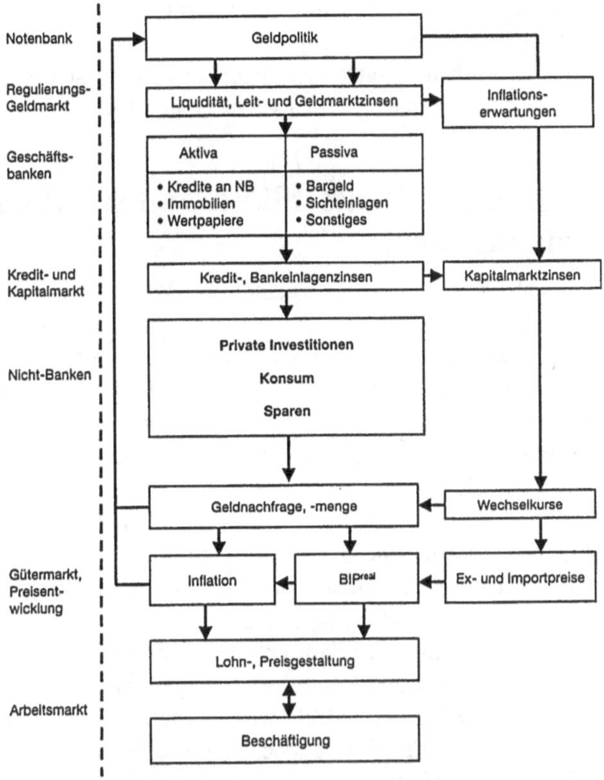

Quelle: Clement/Terlau/Kiy, Grundlagen der Angewandten Makroökonomie, 4. Auflage, München 2006, S. 477, Abb. C.50.

Auch wenn der dargestellte Ansatz wegen seiner tendenziellen Überbetonung der makroökonomischen Bedeutung des *Kreditangebots* und den sich daran anschließenden wirtschaftspolitischen Empfehlungen zu Recht kritisiert werden kann[106], ist doch die schlichte *Monokausalität* der dargestellten Wirtschaftsab-

ABS-Papiere, welche „nur" ein Rating von „A" aufwiesen, seitens der EZB akzeptiert. Kritisch diesbezüglich Neumann, Internationale Finanzkrise und die Geldpolitik der Europäischen Zentralbank, PWP 2009, 367(385f.). Im Ergebnis ähnlich Obertreis, Das Vertrauen kehrt langsam zurück, Badische Zeitung vom 22.5.2009, S. 20.

106 Da es sich bei den Wirtschaftsakteuren um Subjekte handelt, ist es naturgemäß fraglich, ob diese sich im Sinne der Vertreter des kredittheoretischen Transmissionsansatzes überhaupt verhalten werden. Sinkende Kreditzinsen müssen nicht zwangsläufig die Investitionsquoten der Unternehmen erhöhen und den privaten Konsum entsprechend positiv beeinflussen. Zur Kritik siehe Clement/Terlau/Kiy, Grundlagen der Angewandten

läufe für die Praktiker in der Wirtschaftspolitik durchaus von Vorteil. So gelingt es den Vertretern des kredittheoretischen Transmissionsansatzes komplexe volkswirtschaftliche Vorgänge unter den gegebenen Prämissen weitgehend zutreffend und plausibel zu erläutern und zu veranschaulichen.

2 Realprobleme in Deutschland und staatliches Krisenmanagement

Ab 2007 hatten sich die Konjunkturaussichten in nahezu allen wichtigen Wirtschaftsnationen erheblich verschlechtert. Die Regierungen und Zentralbanken der von der Finanzmarktkrise betroffenen Länder reagierten mit Konjunkturprogrammen sowie mit massiven finanziellen Unterstützungsleistungen, welche sich primär an die Akteure des gesamten Finanzsystems richteten. Obschon erste spektakuläre Verfahren die Insolvenzgerichte 2008/2009 erreichten, gemeint sind als Betroffene die Unternehmen „Quelle“, „Karmann“, „Schiesser“, „Woolworth“ und „Märklin“, richteten sich die staatlichen Unterstützungsprogramme eher nicht an die in eine Schieflage geratenen Unternehmen, sondern vorrangig an die Kredit- und Finanzinstitute. Anhand eines Beispiels lässt sich das verdeutlichen. Der Gesetzgeber reagierte mitten in der Finanzmarktkrise auf die drohenden Gefahren eines *„Spillovers“* aus der Finanzwirtschaft mit der Verabschiedung des Finanzmarktstabilisierungsgesetzes (FMStG)[107] zum 17.10.2008. Hauptzielsetzung des FMStG war es, die *Zahlungsfähigkeit der Institute* sicher zu stellen, um eine mögliche Kreditklemme seitens der Banken bereits im Vorfeld zu verhindern. Diesbezüglich wurde erstens eine *Finanzmarktstabilisierungsanstalt (FMA)* ins Leben gerufen, welche man als Anstalt des öffentlichen Rechts bei der Deutschen Bundesbank ansiedelte, ohne jedoch von dieser organisatorisch abhängig zu sein. Zweitens verwaltete jene Finanzmarktstabilisierungsanstalt den *Finanzmarktstabilisierungsfond (FMS)*, welcher als Sondervermögen des Bundes geführt wurde und daher nicht unmittelbar im Bundeshaushalt zu veranschlagen war. Zwecks Bekämpfung der Gefahren der Finanzmarktkrise wurde besagter Finanzmarktstabilisierungsfond zu folgenden Aktivitäten ermächtigt: Mit Hilfe von Garantien, stillen Beteiligungen, Einlagen und ähnlichen an die Kredit- und Finanzinstitute gerichteten staatlichen Unterstützungsleistungen sollte deren Liquidität gerettet werden (vgl. Art. 1 §§ 6-8 FMStG). Neben der Errichtung des Finanzmarktstabilisierungsfond kam es mit

---

Makroökonomie – Eine Verbindung von Makroökonomie und Wirtschaftspolitik mit Fallbeispielen, 4. Auflage, München 2006, S. 479ff.

107 Gesetz zur Umsetzung eines Maßnahmepakets zur Stabilisierung des Finanzmarktes, BGBl. I 2008, S. 1982.

in Kraft treten des FMStG zum 18.10.2008 vorübergehend noch zu weiteren Gesetzesüberarbeitungen, welche einen volkswirtschaftlichen Bezug aufweisen. Hierzu gehören das Kreditwesengesetz (KWG)[108] und die Insolvenzordnung (InsO)[109], wobei hier allein auf letztgenannte Verordnung und deren Normen kurz einzugehen ist. Innerhalb der Insolvenzordnung wurde als einer der wenigen direkt für die Realwirtschaft an Relevanz besitzenden Änderungen der Überschuldungsbegriff in § 19 InsO für einen Übergangszeitraum modifiziert (Ablauf zum 31.12.2013). Die Änderung selbst dürfte dazu führen, dass insolvenzrelevante Rechtstatsachen, die sich nach dem 17.10.2008 ereignet hatten, noch weniger den Weg zu den Verwaltern und Gerichten finden werden, als dies vor Inkrafttreten des FMStG der Fall gewesen war. Die Kritik richtete sich insoweit primär gegen die Norm des § 19 InsO n. F. Mit der Aufwertung des Tatbestandsmerkmals der „positiven Fortführungsprognose" in § 19 Abs. 2 S. 1 InsO n. F. war beabsichtigt, die von der Krise zwar gebeutelten aber im Kern noch überlebensfähig wirkenden Unternehmen vor der Beantragung der Eröffnung eines Insolvenzverfahrens „zu verschonen". Mit der Norm des § 19 InsO a. F. wäre das nicht so einfach gegangen. Auf diese Weise wurde seitens der Bundesregierung der Versuch unternommen, etwas gegen die im Herbst 2008 eh schon pessimistische Erwartungshaltung der Unternehmer in Deutschland zu tun. Auch sollte die genannte Änderung möglicherweise dabei helfen, die Insolvenzstatistik für 2008/2009 leicht „zu schönen". Schließlich stand im Herbst 2009 die Wahl zum Deutschen Bundestag an. Besagte Intentionen des Gesetzgebers erschienen durchaus nachvollziehbar[110], doch waren sie nicht frei von Kritik geblieben[111].

Soweit zu den Änderungen, die das FMStG für die krisengeschüttelten Unternehmen mit sich gebracht hatte und damit wieder zur makroökonomischen Seite der Thematik. Tatsächlich ist der geldpolitische Spielraum, den die EZB zur Verfügung hat, nicht so weitreichend, wie oft vermutet wird. Die EZB bestimmt die Höhe der relevanten Zinssätze, womit sie aber nur kurzfristige Effekte erzielen kann. Auf lange Sicht spielen die *Erwartungshaltungen der Marktteilnehmer* über die Maßnahmen der Notenbanken in der Zukunft und über die

108 Gesetz über das Kreditwesen v. 09.09.1998, BGBl. I 1998, S. 2776, hier Bezug nehmend auf die Fassung des Gesetzes vom 29.7.2009, BGBl. I 2009, S. 2305.

109 Insolvenzordnung, BGBl. I 1994, S. 2866, hier Bezug nehmend auf die Fassung vom 23.10.2008.

110 Nähere Details, was die gesetzgeberische Intention im Hinblick auf den geänderten § 19 InsO betrifft, finden sich bei Schröder, in: Schmidt (Hrsg.), Hamburger Kommentar zum Insolvenzrecht, 3. Auflage, Münster 2009, § 19 InsO, Rn. 1c.

111 Vgl. stellvertretend Schröder, in: Schmidt (Hrsg.), Hamburger Kommentar zum Insolvenzrecht, 3. Auflage, Münster 2009, § 19 InsO, Rn. 1d.

künftige Inflation eine maßgebliche Rolle[112]. Daher können, wie *Issing*[113] zutreffend betont, Indikationen über zukünftige Entscheidungen nur als bedingte Versprechen interpretiert werden. Mit anderen Worten: Die Qualität von Wirtschaftsprognosen ist systembedingt nur von relativer Güte.

Man kann sicher die Art und Weise des praktizierten *staatlichen Krisenmanagements* in Detailfragen mit *Däke*[114] kritisch hinterfragen. Umfangreiche Liquiditätshilfen mussten sowohl die Staaten im Euroraum als auch die EZB den Banken auf jeden Fall zur Verfügung stellen. Von deren näheren Darstellung wird aus Gründen der Übersichtlichkeit an dieser Stelle abgesehen[115]. Auch aus wirtschaftspsychologischen Erwägungen musste die Politik handeln. Dies geschah mittels so Vertrauens erweckender Maßnahmen, wie beispielsweise mit der vom damaligen Bundesfinanzminister Peer Steinbrück im öffentlich-rechtlichen Fernsehen im Oktober 2008 abgegebene staatliche Einlagengarantie für Kunden aller deutschen Bankinstitute[116]. Deutschland und andere Wirtschaftsnationen blieb aus volkswirtschaftlichen Gründen nichts anderes übrig, als die Realwirtschaft zunächst vor einem Zusammenbruch des Bankensystems mittels Staatsbürgschaften und Staatsdarlehen zu bewahren, um einen „Dominoeffekt" zu verhindern. Dass sogar in Zeiten der Finanzmarktkrise seitens deren Verursacher die Versuche persönlicher Bereicherungen nicht enden wollten, rief

---

112 Samuelson/Nordhaus, Volkswirtschaftslehre, Landsberg am Lech 2005, S. 1059. Zur Rolle der Erwartungen in der Geldpolitik siehe Woll, Volkswirtschaftslehre, 15. Auflage, München 2007, S. 582ff.

113 Issing, Kommunikation, Transparenz, Rechenschaft – Geldpolitik im 21. Jahrhundert, PWP 2005, 521(528f.).

114 Kritik an den Stützungsmaßnahmen der Bundesregierung übt beispielsweise der Präsident des Bundes der Steuerzahler, Däke, der eher das Vorziehen einer Steuerreform anstelle der Vergabe „zweifelhafter Konjunkturhilfen" favorisiert. Siehe hierzu die Stellungnahme von Däke, Zweifelhafte Konjunkturhilfen, riesige Schulden, WISU 2009, 149(149f.).

115 Zur Frage des staatlichen Krisenmanagements vgl. auszugsweise Fendel/Frenkel, Die Subprime-Krise 2007/2008: Ursache, Auswirkungen und Lehren, WiSt 2009, 78(82f.); Schütte, Lehren aus der Finanzkrise: Was ist zu tun? ifo Schnelldienst 3/2009, 17(19f.); Adams, Wirtschaftskrise, Vergütungssysteme und nachhaltige Unternehmensentwicklung, ifo Schnelldienst 9/2009, 22(23f.); Franke/Krahnen, Instabile Finanzmärkte, PWP 2009, 335(358ff.); Rudolph, Lehren aus den Ursachen und dem Verlauf der internationalen Finanzkrise, zfbf 2008, 713(730-738).

116 Winkhaus, Nach der Bankenkrise - was ist zu tun? in: Festschrift anlässlich des 50-jährigen Bestehens des Forschungsinstitutes für Wirtschaftsverfassung und Wettbewerb e.V. (Hrsg.), Wettbewerbspolitik und Kartellrecht in der Marktwirtschaft, Köln 2010, S. 117. Diesbezüglich eher kritisch stehen Roubini/Mihm dieser Strategie gegenüber; vgl. Roubini/Mihm, Das Ende der Weltwirtschaft und ihre Zukunft, Frankfurt am Main 2010, S. 225f.

berechtigter Weise den Gesetzgeber auf den Plan. Die in diesem Zusammenhang umgesetzten Maßnahmen sind nicht Gegenstand der vorliegenden Ausarbeitung.

3 Finanzmarktkrise 2007/2008 aus der Sicht der Neuen Institutionenökonomik

Die Finanzmarktkrise stellt die größte Weltwirtschaftskrise seit den 30ér Jahren den letzten Jahrhunderts dar und belegt mithin, warum der Handlungsradius der Unternehmen, der Banken, des Staates und der Konsumenten in einem erheblichem Maße von mikroökonomischen und makroökonomischen Ereignissen - hier verstanden auch als *exogene Störungen* - geprägt sein kann beziehungsweise tatsächlich geprägt gewesen ist. Das Besondere an der *Subprime-Krise* als Auslöser der weltweiten Finanzmarktkrise war, dass sie vom Finanzsektor herrührte und damit in den Industrienationen ihren Ausgang genommen hatte. Zudem war die Krise eine globale Erscheinung. Maßgeblich trugen die geringe Eigenkapitalausstattung der Banken und deren restriktives Kreditvergabeverhalten an die Unternehmen und Konsumenten sowie der Rückgang des Umfanges beim Welthandel zum Ausbruch der Weltwirtschaftskrise bei[117]. Ursachen und Verlauf der Finanzmarktkrise 2007/2008 lassen sich stark vereinfachend mit den folgenden institutionenökonomischen Argumenten beschreiben: Wegen fehlender beziehungsweise zu schwacher Regulierung problembehafteter Bankaktivitäten gelang es, komplexe Finanzprodukte (Verbriefung etc.) auf den Märkten zu platzieren und abzusetzen. Deren wahre Strukturen und Gefahren offenbarten sich jedoch nur den wenigsten Beteiligten. So entstand ein sog. „schwarzes Loch"[118], da weder Zentralbanken noch Börsen und Aufsichtsbehörden auch nur ansatzweise einen Überblick über die Art und den Risikogehalt der neuen „hybriden Finanzprodukte" gehabt hatten[119]. Diese asymmetrische Informiertheit konnte nun die besser informierte Seite in Gestalt der Anbieter jener innovativen Finanzprodukte opportunistisch zu Lasten der Investoren eine Zeit lang ausnut-

117 Nastansky/Strohe, Die internationale Finanz- und Bankenkrise und ihre wesentlichen Ursachen, WiSt 2010, 23(29) und Erlei, Die Wirtschaftskrise im Widerstreit der Lager, WiSt 2011, 130(131).

118 Schütte, Lehren aus der Finanzkrise: Was ist zu tun? ifo Schnelldienst 3/2009, 17(17).

119 Adams, Wirtschaftskrise, Vergütungssysteme und nachhaltige Unternehmensentwicklung, ifo Schnelldienst 9/2009, 22(22) sowie Hagedorn, Die Subprime-Krise und ihre Folgen – Turbulenzen an den Finanzmärkten, Die Bank 12/2007, 20(24).

zen[120]. Im Mittelpunkt stand „die Gier nach schneller und hoher Rendite“[121]. Eine falsche Risikopolitik der Banken als auch die der institutionellen Anleger brachte dann das weltweite Finanzsystem an den Rand des Zusammenbruches. Institutionelle und private Anleger investierten in teils dubiose Finanzinstrumente, ohne sich über die Risiken selbiger ein genaueres Bild gemacht zu haben[122]. Nach den richtigerweise seitens der betroffenen Regierungen und Zentralbanken ad hoc eingeleiteten prozesspolitischen Maßnahmen, bedarf es jetzt des Aufbaus eines besseren wirtschaftsrechtlichen Ordnungsrahmens für die Finanzmärkte, um „das Schiff wieder in ruhige Gewässer treiben zu können“[123].

So lässt sich ohne Frage die These vertreten, dass es aufgrund der Auswirkungen der Finanzmarktkrise 2007/2008 auf der Unternehmensseite zu einer Verteuerung der Kredite gekommen sei. Gleichzeitig müsse, und das betrifft auch einen Aspekt der Untersuchung, krisenbedingt mit einer Verringerung der Konsumausgaben beziehungsweise sogar mit einem „Angstsparverhalten“ seitens der privaten Haushalte in Deutschland gerechnet werden. Wenn dem so wäre, dann hätte die Finanzmarktkrise sowohl von der Angebotsseite als auch von der Nachfrageseite her in Deutschland zum Wirtschaftsabschwung geführt und damit eine Rezession ausgelöst. Dadurch habe sich das eh schon mäßige „Konsumklima“ innerhalb Deutschlands noch mehr verschlechtert. Von der Nachfrageseite seien mithin keine belebenden Impulse für die Volkswirtschaft zu erwarten.

Die angegebene Ursache-Wirkungskette ist in sich logisch und schlüssig. Sie entspricht zugleich dem Gedankengebäude des kredittheoretischen Transmissionsansatzes.

---

120 Dabei handelt es sich um typische Prinzipal-Agent-Probleme, wie Nastansky/Strohe, Die internationale Finanz- und Bankenkrise und ihre wesentlichen Ursachen, WiSt 2010, 23(24f.), zutreffend darlegen.

121 Roubini/Mihm sehen hierin einen wichtigen Auslöser der Finanzmarktkrise von 2007/2008; siehe Roubini/Mihm, Das Ende der Weltwirtschaft und ihre Zukunft, Frankfurt am Main 2010, S. 249-257.

122 Franke/Krahnen, Instabile Finanzmärkte, PWP 2009, 335(341), sprechen hier auch von dem Phänomen einer „intellektuellen Gefangennahme der Investoren“. Im Ergebnis zustimmend Nastansky/Strohe, Die internationale Finanz- und Bankenkrise und ihre wesentlichen Ursachen, WiSt 2010, 23(25f.).

123 Allerdings zu viel Hoffnung darauf, dass letztlich der Gesetzgeber den „richtigen“ und damit ökonomisch effizientesten Ordnungsrahmen findet, um damit moralisch verwerfliches Handeln schon im Keim zu unterbinden, sollte man sich lieber nicht machen. Moralische Ansprüche lassen sich nicht allein auf gesetzestreues Verhalten hin reduzieren, wie Krause-Junk richtigerweise anmerkt; vgl. Krause-Junk, Moral und Gesetz - einige Anmerkungen zu Volker Arnold, PWP 2010, 99(100f.).

4 Auswirkungen der Finanzmarktkrise 2007/2008 auf die Kreditvergabepraxis der Banken und auf die Konsumausgaben

Die Thematik macht es erforderlich, sich ökonomisch in die Krisenjahre 2007-2009 zurück zu versetzen. Die Auswirkungen selbiger auf die Kreditvergabepraxis der Banken und der Konsumausgaben werden hier für Deutschland kurz beleuchtet. Zunächst soll ein Blick auf die wirtschaftliche Lage Deutschlands in der Zeit um die Krisenjahre 2009/2010 herum geworfen werden. Anschließend geht es um die Auswirkungen der Finanzmarktkrise in Deutschland. Vor dieser Zeit wurde das Wirtschaftswachstum vorrangig vom deutschen Exportgeschäft getragen. Ob es ab 2010 gelingen wird, hier wieder Fuß zu fassen, hängt von konjunkturell bedingten sog. „Zweitrundeneffekten"[124] ab, welche die deutsche Binnenwirtschaft betreffen. Gemeint sind der *Zugang zu Finanzierungsmitteln* und der *Arbeitsmarkt.* Die Entwicklungen auf dem Letztgenannten sind für den *privaten Konsum* wiederum mitentscheidend. Deshalb ist hier primär von Interesse, wie sich der Wirtschaftsabschwung in Deutschland auf die *Kreditvergabepraxis der Banken* einerseits und auf die *privaten Konsumausgaben* andererseits ausgewirkt haben und noch 2011 auswirken werden. Um einen Einbruch bei den privaten Konsumausgaben zu verhindern, hatte die damalige Bundesregierung insbesondere den Markt für PKW mit Hilfe einer staatlichen sog. „Umweltprämie" gestützt, was Kosten i. H. v. ca. 5 Mrd. Euro verursacht hatte. Nach der hier vertretenen Auffassung ging von der *„Umweltprämie"* eher keine nachhaltige, den privaten Konsum dauerhaft stimulierende Wirkung aus. Eher realisierten die angesprochenen Käuferkreise sog. *„Mitnahmeeffekte"*[125]. Neben den zu den objektiven Kriterien zu rechnenden monetären Unterstützungsleistungen müssten vielmehr subjektive Kriterien, wie beispielsweise das Konsumklima, mit in die Analyse einbezogen werden. Diesbezüglich ist der steuernde Einfluss des Staates jedoch nur von begrenzter Natur. Die unter Ökonomen zwecks Problemanalyse so beliebte partialanalytische Vorgehensweise stößt hier an ihre Grenzen.

---

124 Zu den „Zweitrundeneffekten" vgl. Hausner, Die Abkühlung der Weltwirtschaft durch die Finanzkrise, WiSt 2009, 40(41).

125 Damit ist gemeint, dass die Fahrzeuge zumeist auch so angeschafft worden wären, zugleich jedoch die ausgelobten 2.500.- Euro je PKW von den Käufern gerne „mitgenommen" worden sind. Ebenso im Ergebnis Däke, Zweifelhafte Konjunkturhilfen, riesige Schulden, WISU 2009, 149(149).

4.1 Deutschland und die Auswirkungen der Finanzmarktkrise im Jahre 2009/2010

Als Folge der Finanzmarktkrise 2007/2008 wurde der Wirtschaftsabschwung in Deutschland maßgeblich durch *Nachfrageschocks* verursacht. So kam es zu einem „synchronen Einbruch" bei Investitionsgütern und langlebigen Konsumgütern[126]. Betroffen sind deshalb einerseits die *Unternehmen (Investitionen)*, was seinen Hauptgrund in der Exportabhängigkeit der deutschen Volkswirtschaft haben dürfte[127], andererseits tangiert dies auch die *Verbraucher (private Konsumausgaben)*. Ein weiterer Grund für den Nachfragerückgang bei den Investitionsgütern ist der, dass sich in Deutschland der *sekundäre Sektor* stärker auf die Produktion konjunkturanfälliger Güter, wie beispielsweise Industrieanlagen (Maschinenbau), spezialisiert hat. Deren Verkaufszahlen waren im Gefolge der Finanzmarktkrise rückläufig, was im besonderen Maße auch für die Bau- und Ausrüstungsinvestitionen gegolten hatte. Größere Einbrüche bei den *(privaten) Konsumausgaben* konnten in der ersten Hälfte des Jahres 2009 noch verhindert werden. Hier zeigte zunächst die *„Umweltprämie"* auf kurze Sicht die fiskalpolitisch gewünschte Wirkung. Auch am *Arbeitsmarkt* hielt sich der konjunkturelle Abschwung noch in Grenzen, was vorrangig an der Inanspruchnahme der Kurzarbeit gelegen haben dürfte. Zudem nutzten viele Unternehmer den Abbau von Guthaben auf Arbeitszeitkonten. Teilweise waren Unternehmen in der glücklichen Lage, Überkapazitäten bei den Aufträgen abarbeiten zu dürfen, weshalb der Arbeitsmarkt, im Vergleich zum Verlauf des Bruttoinlandsproduktes, sich noch als annähernd stabil erwiesen hatte. Der *Sachverständigenrat*[128] stellte in seinem Jahresgutachten 2009/2010 denn auch fest, dass die *statistisch ermittelte Zahl der Arbeitslosen* 2009 „nur" um 160.000 Personen zugenommen habe. Wäre dies primär auf die Einführung der *Kurzarbeit* zurückzuführen, die letztendlich sowohl die Unternehmen als auch den Staat finanziell belasten, dann hätte das eine Verringerung der Produktivität zur Folge, die zu einer *Erhöhung der Arbeitskosten* führen würde. Können diese wettbewerbsbedingt nicht über ge-

126 Stellvertretend hierfür wird auf die Mitteilungen des ifo Institutes verwiesen; siehe zu den Details der Analyse: Carstensen / Nierhaus / Hülsewig / Abberger / Breuer / Elstner / Henzel / Mayr / Meister / Paula / Stangl / Wollmershäuser, ifo Konjunkturprognose 2009/2010: Abschwung setzt sich fort, in: ifo Schnelldienst 12/2009, 11(33).

127 Siehe hierzu von der Vring, der die Förderung der Exportwirtschaft durch die deutsche Politik in Anbetracht der Tatsache, dass 75% der Arbeitsplätze vom Export unabhängig sind, für überzogen erachtet; vgl. von der Vring, Bilanz der Lohnzurückhaltung 2000-2007 im volkswirtschaftlichen Kreislauf Deutschlands, WSI 2009, 319(323).

128 Sachverständigenrat zur Begutachtung der gesamtwirtschaftlichen Entwicklung, Die Zukunft nicht aufs Spiel setzen, Jahresgutachten 2009/2010, Wiesbaden 2009, S. 5.

stiegene Investitions- und Konsumgüterpreise an die Abnehmer weitergereicht werden, dann wird die registrierte Arbeitslosigkeit in absehbarer Zeit zunehmen. Hiervon ist in Deutschland dann auch der private Konsum betroffen, der - neben dem deutschen Exportgeschäft - den Wirtschaftsaufschwung eigentlich mittragen soll[129]. Eben jene Erfolge im Exportgeschäft führen in Deutschland zwangsläufig zu einer *Abhängigkeit von der Auslandsnachfrage*, die verbunden ist mit der Gefahr von Sickerverlusten fiskalpolitischer Maßnahmen in Richtung Ausland, wie *Roos*[130] darlegt.

Jenseits der von den Auswirkungen her gesehenen noch offenen Arbeitsmarktthematik, galt inzwischen die wirtschaftliche Talsohle als erreicht[131]. Die deutsche Konjunktur hatte sich zur Jahresmitte von 2009 wieder stabilisiert, nachdem im Winterhalbjahr 2008/2009 die Wirtschaftsleistung in ungeahntem Umfang zurück gegangen war, wie die nachfolgende *Abbildung*, entnommen aus dem *Jahresgutachten 2009/2010 des Sachverständigenrats*, belegt.

129 Angesprochen sind mit diesen Überlegungen die volkswirtschaftlichen „Multiplikatormodelle“. Siehe hierzu die Darstellungen bei Samuelson/Nordhaus, Volkswirtschaftslehre, Landsberg am Lech, 2005, S. 679-703.

130 Roos, Die deutsche Fiskalpolitik während der Wirtschaftskrise 2008/2009, PWP 2009, 389(410).

131 Sachverständigenrat zur Begutachtung der gesamtwirtschaftlichen Entwicklung, Die Zukunft nicht aufs Spiel setzen, Jahresgutachten 2009/2010, Wiesbaden 2009, S. 3f.

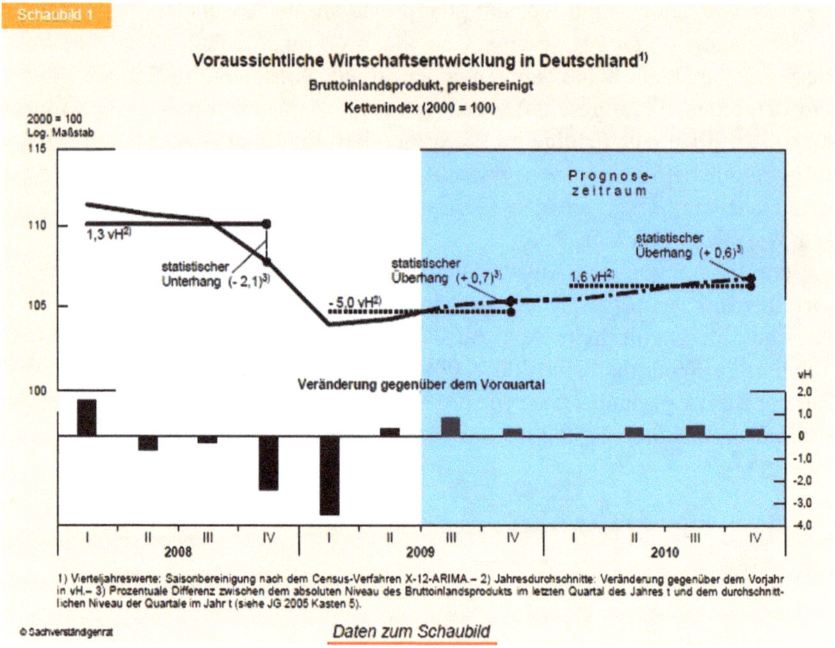

Quelle: Sachverständigenrat zur Begutachtung der gesamtwirtschaftlichen Entwicklung, Die Zukunft nicht aufs Spiel setzen, Jahresgutachten 2009/2010, Wiesbaden 2009, S. 4.

Zur Mitte des Jahres 2010 ging man noch davon aus, dass der wirtschaftliche Aufwärtstrend nur sehr moderat ausfallen werde. Schaubild Nr. 1 des zitierten Gutachtens von 2009/2010 brachte das zum Ausdruck. Anlass zur Euphorie bestand keine. Ist doch eine fern von weiteren teuren *Konjunkturprogrammen*[132] gewissermaßen „sich selbst tragende Erholung der Wirtschaft" in Deutschland insbesondere vom Ausgang der folgenden beiden Entwicklungen abhängig, die als nächstes kurz skizziert werden sollen. Einerseits könnte eine *Kreditverknappung* die *Investitionstätigkeit* der Unternehmen blockieren, andererseits bestünde

132 Was die Beurteilung der Konjunkturprogramme der Bundesregierung anbelangt, wird auf die kritische Stellungnahme von Roos verwiesen. Siehe Roos, Die deutsche Fiskalpolitik während der Wirtschaftskrise 2008/2009, PWP 2009, 389(399-408). Eine Übersicht über die finanzpolitischen Maßnehmen und deren Kosten bietet der Sachverständigenrat in seinem Jahresgutachten 2009/2010; siehe Sachverständigenrat zur Begutachtung der gesamtwirtschaftlichen Entwicklung, Die Zukunft nicht aufs Spiel setzen, Jahresgutachten 2009/2010, Wiesbaden 2009, S. 65, dort Kasten 4 und Tabelle 8.

dann die Gefahr einer erhöhten *Arbeitslosigkeit.* Zeitversetzt dürfte das dann in *sinkenden privaten Konsumausgaben* beziehungsweise in einer *gestiegenen Sparquote* in Deutschland seinen Niederschlag finden. Den Eintritt eines solchen Scenarios gilt es mit allen zur Verfügung stehenden wirtschaftspolitischen Mitteln zu verhindern. Mit den Auswirkungen des *Staatskonsums* auf das Wirtschaftswachstum befasst sich dieser Abschnitt weniger. Dennoch erscheint es geboten, auf folgende volkswirtschaftliche Basiszusammenhänge hinzuweisen:

Mittelfristig ist in Deutschland einer dringend anstehenden *Haushaltskonsolidierung* Priorität einzuräumen[133]. Damit werden die finanziellen Ausgaben- und Förderspielräume der öffentlichen Hand deutlich knapper sein, als in Zeiten der Rezession (2008/2009). Wirft man ferner einen Blick auf die zunehmende *Ungleichheit der Einkommensverteilung in Deutschland* und deren Auswirkungen erstens auf die *Staatsquote,* diese betrifft den Anteil der Staatsausgaben bezogen auf das Bruttoinlandsprodukt gemessen in Prozent, und zweitens auf die *Steuerquote,* so lassen sich im Hinblick auf die Anforderungen, welche die Wirtschaftspolitik bezüglich der Beeinflussung des privaten und staatlichen Konsums sowie der Investitionen demnächst zu bewältigen haben wird, mit *Neubäumer*[134] in folgende ökonomisch relevante Scenarien unterteilen:

Ad 1) Wenn die Politik auch in der Zeit der Wirtschaftskrise an den bisherigen Wertvorstellungen festhalten möchte, die mit dem aktuellen Verständnis von einer sozialen Marktwirtschaft in Verbindung gebracht werden, dann würde das zu einem *Anstieg der Steuer- und Transferquote*[135] führen. Letztere betrifft den prozentualen Anteil der an die Verbraucher gerichteten Leistungen des Staates bezogen auf das Bruttoinlandsprodukt, was im Ergebnis zu einer unerwünschten *Erhöhung der Staatsquote* führen würde.

---

133 Dies ist ein grundlegendes Anliegen des Sachverständigenrats; vgl. Sachverständigenrat zur Begutachtung der gesamtwirtschaftlichen Entwicklung, Die Zukunft nicht aufs Spiel setzen, Jahresgutachten 2009/2010, Wiesbaden 2009, S. 6-12 und S. 69f. Im Sommer 2011 ist die Thematik aktueller denn je, was sich insbesondere anhand der Stichworte „Griechenlandhilfe", „Euro-Rettungsschirm" etc. belegen lässt.

134 Neubäumer, „Does Distribution Matter?" Ein Diskussionsbeitrag zu den Auswirkungen der Konzentration der Einkommensverteilung auf die Staatstätigkeit und die ihr zugrundeliegenden Wertvorstellungen, Jahrbuch der Wirtschaftswissenschaften, 59. Jahrgang (2008), 141(145).

135 Die Transferquote errechnet sich aus der Summe der Leistungen, welche die Verbraucher ohne direkte Gegenleistung vom Staat beziehen, gemessen am jeweiligen Bruttoinlandsprodukt in Prozent. Da diese von den Sozialversicherungshaushalten zu gewähren sind, handelt es sich um Staatsausgaben im weiteren Sinne.

Ad 2) Möchte man allerdings das Entstehen von Standortnachteilen für Deutschland verhindern, die bei einem Anstieg der Steuerquote unvermeidlich drohen würden, dann ist die Steuerquote trotz Einkommensungleichheit zu senken. Jenes Ziel verfolgt in der aktuellen Bundesregierung (2011) vorrangig die FDP. Aufgrund der schlechten Wirtschaftslage in Deutschland dürften die Ausgaben der öffentlichen Hand für Transferzahlungen zunehmen. Deshalb ist bei der Verfolgung einer solchen Wirtschaftspolitik ein *Anwachsen der Staatsverschuldung* die logische Konsequenz.

Ad 3) Besagte Zunahme der staatlichen Schuldenlast ist aber aus mehreren Gründen (sog. „Maastricht Kriterien" etc.) unerwünscht. Unterstellt man mit der ökonomischen Theorie der Politik, dass die Politik als Oberziel die *Maximierung von Wählerstimmen* verfolgt, dann lassen sich die Sozialstandards nicht nennenswert absenken. Also muss der Staat zwangsläufig an anderer Stelle sparen. Betroffen sind hiervon der *Staatskonsum* sowie diejenigen Ausgaben der öffentlichen Hand, mit denen die unternehmerische Investitionstätigkeit eigentlich angeregt werden müsste. Im Ergebnis führt das zu *Ausgabenkürzungen*, was den Ausbau der öffentlichen Infrastruktur und den der öffentlichen Verwaltung betrifft, sofern nicht gar im Bildungsbereich gespart wird, auch wenn das besonders „unpopulär" ist. Gerade Deutschland gilt als praktisches Beispiel für das eben geschilderte dritte Scenario. Nach den Angaben des Deutschen Institutes der Wirtschaft von 2007, auf die *Neubäumer* Bezug nimmt, sind in den letzten Jahren die öffentlichen Nettoinvestitionen, die Bildungsausgaben und die Anzahl der öffentlichen Bediensteten gesunken. Auch haben sich die Einkommen im öffentlichen Dienst im Durchschnitt schlechter entwickelt, als die vergleichbar Beschäftigter in der privaten Wirtschaft.

Ad 4) Weil die unter ad 3) skizzierte Wirtschaftsentwicklung insbesondere unter dem Aspekt zu gering ausfallender *staatlicher Bildungsinvestitionen* ökonomisch wie politisch auf Dauer in die Sackgasse führt, bleibt dem Staat in Anbetracht „knapper Kassen" zum Jahre 2012 wohl nichts anderes übrig, als zumindest die Ausgaben für den Bildungssektor auszuweiten. Dies geht unweigerlich zu Lasten des Staatskonsums und/oder der staatlichen Investitionsförderung, was das Konsum- und Investitionsklima nicht gerade „befeuern" dürfte. Dieses Ergebnis möchte die Politik in Zeiten einer als weitgehend überwunden angesehenen Wirtschaftskrise erst recht nicht erzielen. Also bleibt dem Staat nichts anderes übrig, als „nur" die *Sozialstandards zu senken*, womit zu 2012 am ehesten zu rechnen sein wird. Das aber dürfte sowohl in den Medien und bei den von den Ausgabenkürzungen betroffenen Wählergruppierungen auf wenig Akzeptanz stoßen. In einer solchen Konstellation droht unweigerlich die Abwahl. Deshalb ist alternativ (nur) eine *leichte Absenkung der Sozialstandards* zu erwarten. Im Gegenzug müssten dafür jedoch der Staatskonsum und die Investitionsfördermaßnahmen gedrosselt werden. Egal welchen Ansatz der Staat notgedrungen verfolgt, vom Ergebnis her betrachtet würde man damit die *Ungleichheit bei der Einkommensverteilung* noch weiter festschreiben[136]. Verschiebungen bei den Konsumpräferenzen wären die Folge, was insbesondere der in Deutschland sowieso schon arg gebeutelte Einzelhandel zu spüren bekommen würde. Besagte Zusammenhänge lassen sich wie folgt abbilden:

	T	G	Tr	$C_{St}+I_{St}$	
• Ausgangssituation					$T = G$ Ausgeglichener Staatshaushalt (Annahme)
• Folgen einer steigenden Konzentration der Einkommensverteilung	Veränderungen gegenüber der Ausgangssituation				
1. Festhalten an den bisherigen Wertvorstellungen	↑	↑	↑	○	$T = G$ (vereinfachende Annahme) Steuer-, Transfer- und Staatsquote steigen bei konstanten Staatsausgaben für Konsum und Investitionen.
2. Durch Steuersatzsenkungen wird die Steuerquote auf ihr altes Niveau zurückgeführt.	○	↑	↑	○	$T < G$ führt zu einer steigenden Staatsverschuldung. Die Steuerquote bleibt unveränderte, während die Transfer- und die Staatsquote steigen.
Die Steuerquote und die Staatsquote werden auf ihr altes Niveau zurückgeführt:	○	○			$T = G$, d. h. wieder ausgeglichener Staatshaushalt durch eine – gegenüber der Ausgangssituation – unveränderte Steuer- und Staatsquote.
3. Bei einem Festhalten an den Wertvorstellungen hinsichtlich der Sozialstandards müssen der staatliche Konsum und/oder die staatlichen Investitionen gesenkt werden.	○	○	↑	↓	Die gestiegene Transferquote zwingt zu niedrigeren Staatsausgaben für Konsum und Investitionen.
oder					oder
4. Bei einem Festhalten an den Wertvorstellungen hinsichtlich der Versorgung mit öffentlichen Gütern müssen die Sozialstandards gesenkt werden (so dass die Transferausgaben trotz der Konzentration der Einkommensverteilung nicht steigen).	○	○	○	○	Die konstante Transferquote zwingt zu niedrigeren Sozialstandards bei unveränderten Staatsausgaben für Konsum und Investitionen.
oder					oder
Eine Kombination aus weniger staatlichen Ausgaben für Konsum und Investitionen und einer Senkung der Sozialstandards.	○	○	↑ I	I ↓	Die gestiegene Transferquote zwingt zu niedrigeren Staatsausgaben für Konsum und Investitionen und zu niedrigeren Sozialstandards.

Quelle: Neubäumer, „Does Distribution Matter?“ Ein Diskussionsbeitrag zu den Auswirkungen der Konzentration der Einkommensverteilung auf die Staatstätigkeit und die ihr zugrundeliegenden Wertvorstellungen, Jahrbuch der Wirtschaftswissenschaften, 59. Jahrgang (2008), 141(147).

Richtig ist, dass die Bundesregierung über die Ausweitung des Staatskonsums die beiden Konjunkturpakete finanziert hatte, und diese Staatsausgabentätigkeit stabilitätspolitisch auch unvermeidbar gewesen war. Gewissermaßen als „negative Begleiterscheinung“ jener umgesetzten *antizyklischen Fiskalpolitik* waren zugleich die Schuldenstands-Quoten von ca. 65% (2008) auf ca. 71% (2009) bis

136 Zu den Möglichkeiten des Staates, mittels Steuern und Sozialtransfers die Ungleichheit bei der Einkommensverteilung abzumildern, wird auf Baßeler/Heinrich/Utecht, Grundlagen und Probleme der Volkswirtschaft, 19. Auflage, Stuttgart 2010, S. 798-800, verwiesen.

hin zu geschätzten 75% (2010) angewachsen[137], womit Deutschland als eine der vielen von der Finanzmarktkrise betroffenen Nationen gegen die sog. *„Maastricht-Kriterien"*[138] verstoßen hatte. Daher ist bereits ab dem Jahre 2012 mit sinkenden Staatsausgaben zu rechnen.

Auch wurde prognostiziert, dass sich für das Jahr 2010 immerhin noch ergebende Wirtschaftswachstum von 3,7%, welches erheblich vom Export getragen gewesen war, werde zur Jahresmitte 2011 nachlassen. Der *Sachverständigenrat* ging deshalb in seinem Jahresgutachten 2010/2011 nur noch von einer Wachstumsrate von 2,2% in Bezug auf das Bruttoinlandsprodukt für Deutschland aus, wie folgende Abbildung belegt[139]:

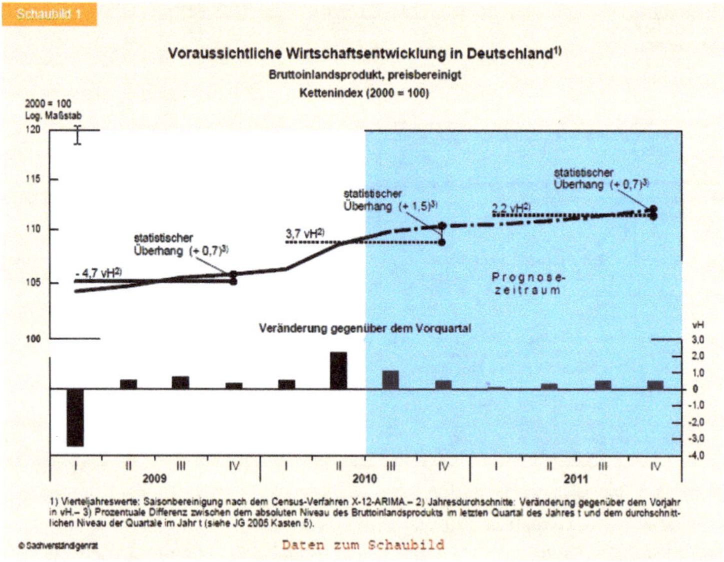

Quelle: Sachverständigenrat zur Begutachtung der gesamtwirtschaftlichen Entwicklung, Chancen für einen stabilen Aufschwung, Jahresgutachten 2010/2011, Wiesbaden 2010, S. 8.

---

137 Zum Schuldenstand im Sinne des „Maastrichter-Vertrages" und dessen Entwicklung siehe Sachverständigenrat zur Begutachtung der gesamtwirtschaftlichen Entwicklung, Die Zukunft nicht aufs Spiel setzen, Jahresgutachten 2009/2010, Wiesbaden 2009, S. 69, wo konkret auf die Daten in Tabelle 10 zu verweisen ist.

138 Vgl. Altmann, Wirtschaftspolitik, 8. Auflage, Stuttgart 2007, S. 10f. und S. 365.

139 Sachverständigenrat zur Begutachtung der gesamtwirtschaftlichen Entwicklung, Chancen für einen stabilen Aufschwung, Jahresgutachten 2010/2011, Wiesbaden 2010, S. 8, dort Schaubild1.

Somit hat die deutsche Volkswirtschaft, unterstützt durch teure fiskalpolitisch motivierte Programme, drei Jahre Zeit zur Verarbeitung der Wirtschaftskrise gebraucht. Für das Jahr 2011 rechnet der *Sachverständigenrat* insbesondere mit einem deutlich geringeren Anstieg bei der Exportnachfrage seitens des Auslandes sowie mit einem Rückgang des Staatskonsums bei gleichzeitig nur sehr moderatem Wachstum bei den privaten Konsumausgaben[140]. Die Exportnachfrage wird ihre Rolle als Impulsgeber des Aufschwungs an die private Binnennachfrage abgeben. So lautete jedenfalls noch Ende des Jahres 2010 die Prognose für das Jahr 2011.

Also müsste die *Binnennachfrage* jetzt die Aufgabe übernehmen, das Wirtschaftswachstum zu befeuern. Positive Impulse des Konsums auf das Wirtschaftswachstum können in Deutschland demnach nur von einer Ausweitung der privaten Konsumausgaben ausgehen. Diese Auffassung teilte bereits *Bofinger*[141] in Form eines Minderheitenvotums im Rahmen des Gutachtens des Sachverständigenrats für 2009/2010. In Anbetracht der eben dargelegten *vier ökonomischen Scenarien* verwundert das einen nicht. Nunmehr prognostizierte der Sachverständigenrat sowohl für das zweite Halbjahr 2010 als auch für 2011 ein Wirtschaftswachstum von 2,2%-Punkten. Die Bedeutung des Außenbeitrages für den Anstieg des preisbereinigten BIP wird zu Gunsten der privaten Konsumausgaben und der Ausrüstungsinvestitionen abnehmen[142].

4.2 Wirtschaftstatsachen zur Kreditvergabepraxis der Banken

Zum Nachfrageschock 1. Teil: Betroffen ist hier vorrangig die *Unternehmensseite*. Deutschland verzeichnete zu Beginn des Jahres 2009 eine der stärksten Wachstumseinbrüche unter den europäischen Industrienationen. Gedanken über einen zeitnah einsetzenden Wirtschaftsaufschwung brauchte man noch im Jahre 2009 eher nicht zu verschwenden. Durch eine Verknappung des Kreditangebots beziehungsweise im Fall einer Verschlechterung der Kreditvergabebedingungen

140 Sachverständigenrat zur Begutachtung der gesamtwirtschaftlichen Entwicklung, Chancen für einen stabilen Aufschwung, Jahresgutachten 2010/2011, Wiesbaden 2010, S. 10, dort Tabelle1.

141 Siehe diesbezüglich das Minderheitenvotum von Bofinger, in: Sachverständigenrat zur Begutachtung der gesamtwirtschaftlichen Entwicklung, Die Zukunft nicht aufs Spiel setzen, Jahresgutachten 2009/2010, Wiesbaden 2009, S. 299-303.

142 Sachverständigenrat zur Begutachtung der gesamtwirtschaftlichen Entwicklung, Chancen für einen stabilen Aufschwung, Jahresgutachten 2010/2011, Wiesbaden 2010, S. 46 und S. 55, dort Schaubild14 sowie S. 58, Tabelle 9.

gegenüber den Unternehmen, könnten die Banken sogar noch zu einer Verlängerung der Phase des Abschwunges in Deutschland beitragen. Dahinter steht zum Beziehungsgeflecht *„Kreditzinsen-Kreditvolumen"* folgende Überlegung[143]: In der Rezession drohen den Banken zusätzliche Kreditausfallrisiken. In Anbetracht anstehender Wertberichtigungen bei zugleich eher niedrigen Eigenkapitalquoten werden die Banken dazu tendieren, das Kreditangebot in quantitativer Hinsicht zu begrenzen. Zudem werden dann die Kredite für die Unternehmen teurer. Das sind normale Ursache-Wirkungsketten, also in sich schlüssige Wirtschaftsabläufe.

Zu der befürchteten Kreditverknappung im großen Stil zu Lasten der gerade in Krisenzeiten dringend benötigten Fremdfinanzierungsmittel für Unternehmen zwecks der Vornahme von Erweiterungsinvestitionen ist es eher nicht gekommen. Dank einer expansiven Geldpolitik der EZB konnten sich in Deutschland die Banken wieder günstiger refinanzieren. Im Gefolge dessen *sank* das *Zinsniveau*, welches - wohl zumindest anteilig - an die gewerbliche und private Kreditnachfrageseite weiter gereicht wurde. Allerdings beklagten die Unternehmen schon 2008 einen restriktiveren Zugang zu den Krediten. Günstigere Zinsen sind also nicht allein entscheidend. Vielmehr geht es um die Bedingungen des Kreditvergabegeschäfts als Ganzes, und die hätten sich laut Umfragen eben seit 2008 verschlechtert, wie das *ifo Institut*[144] betonte. Zu der seit Anfang 2009 umfragebedingt festgestellten wachsenden Angst der Unternehmen in Deutschland vor einer *Verknappung der Kreditversorgung* nahm auch der *Sachverständigenrat*[145] in seinem hier schon mehrfach zitierten Jahresgutachten 2009/2010 Stellung: In der Tat könne eine *Kreditklemme*[146], hier verstanden als eine Situation, in der die Banken ihr Kreditangebot an Unternehmen und Verbraucher nicht

143 Die Prognose des ifo Institutes bezieht sich auf den Zeitraum September 2008 bis April 2009. Siehe Carstensen / Nierhaus / Hülsewig / Abberger / Breuer / Elstner / Henzel / Mayr / Meister / Paula / Stangl / Wollmershäuser, ifo Konjunkturprognose 2009/2010: Abschwung setzt sich fort, in: ifo Schnelldienst 12/2009, 11(27), dort ist auf den Kasten „Zur Kreditsituation in Deutschland" zu verweisen.

144 Vgl. Carstensen / Nierhaus / Hülsewig / Abberger / Breuer / Elstner / Henzel / Mayr / Meister / Paula / Stangl / Wollmershäuser, ifo Konjunkturprognose 2009/2010: Abschwung setzt sich fort, in: ifo Schnelldienst 12/2009, 11(27), „Zur Kreditsituation in Deutschland".

145 Die weiteren Ausführungen zum Problembereich „Finanzsystem" und dessen Auswirkungen auf das Wirtschaftswachstum sind dem Jahresgutachten 2009/2010 des Sachverständigenrats entnommen. Siehe Sachverständigenrat zur Begutachtung der gesamtwirtschaftlichen Entwicklung, Die Zukunft nicht aufs Spiel setzen, Jahresgutachten 2009/2010, Wiesbaden 2009, S. 52-58.

146 Neumann, Internationale Finanzkrise und die Geldpolitik der Europäischen Zentralbank, PWP 2009, 367(372).

mehr ausweiten, eine von der Anbieterseite ausgehende konjunkturelle Erholung verhindern. Bekannt geworden ist besagtes Phänomen auch als *„japanische Krankheit“*[147]. Ein solches Verhalten der Banken hat mehrere Gründe. Beobachtet werden konnte seit dem Ausbruch der Krise ein sog. *„Deleveraging“*, also eine Rückführung des Fremdkapitalhebels der Banken, was im Ergebnis eine Reduktion der jeweiligen Bilanzsumme bewirkt. Das umgekehrte Verhalten hatte bekanntlich die Krise mit ausgelöst[148]. Zu Mitte des Jahres 2008 kam es dann zu einer Abschwächung des Wachstums beim Kreditangebot. So schränkten gerade die von der Finanzmarktkrise besonders gebeutelten privaten Großbanken ihre Kreditvergabetätigkeit gegenüber der Privatwirtschaft in Deutschland weitgehend ein. Deshalb waren besonders große Unternehmen von der Verschärfung bei den Kreditkonditionen in einem überdurchschnittlichen Maße betroffen. Demgegenüber engagierten sich Banken mit Sonderaufgaben, wie beispielsweise die Kreditanstalt für Wiederaufbau (KfW), stark expansiv im Kreditvergabegeschäft. Die *Indikatoren der Kreditvergabepraxis* lassen sich unter Bezugnahme auf den *Sachverständigenrat* wie folgt graphisch darstellen:

147 Unter dem Begriff der „japanischen Krankheit“ wird folgender Sachverhalt subsumiert: Banken halten für die noch anstehenden Verluste aus Sicherheitsgründen Eigenkapital vor, was dazu führt, dass so die Kreditvergabe einschränkt wird, was einen bereits vorhandenen deflatorischen Trend in der Phase des Wirtschaftsabschwungs einer Volkswirtschaft noch verschärft. Siehe diesbezüglich Roubini/Mihm, Das Ende der Weltwirtschaft und ihre Zukunft, Frankfurt am Main 2010, S. 45 sowie Sinn, ifo Standpunkte Nr. 103 „Deflation oder Inflation?“, München 2009; Altmann, Wirtschaftspolitik, 8. Auflage, Stuttgart 2007, S. 124-126 und Sachverständigenrat zur Begutachtung der gesamtwirtschaftlichen Entwicklung, Die Zukunft nicht aufs Spiel setzen, Jahresgutachten 2009/2010, Wiesbaden 2009, S. 130f.

148 Rudolph, Lehren aus den Ursachen und dem Verlauf der internationalen Finanzkrise, zfbf 2008, 713(721f.). Zum Begriff des „Leveraging“: Wöhe, Einführung in die Allgemeine Betriebswirtschaftslehre, 24. Auflage, München 2010, S. 665f.

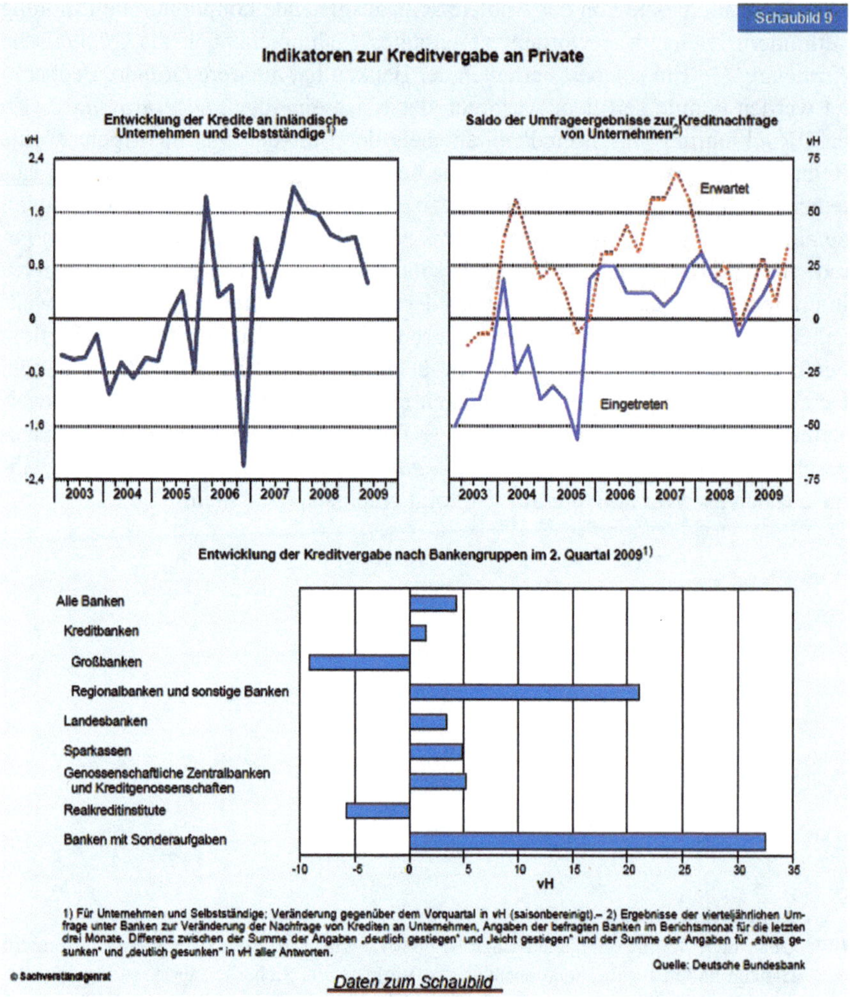

Quelle: Sachverständigenrat zur Begutachtung der gesamtwirtschaftlichen Entwicklung, Die Zukunft nicht aufs Spiel setzen, Jahresgutachten 2009/2010, Wiesbaden 2009, S. 53.

Von einer *Kreditklemme* kann naturgemäß dann nicht gesprochen werden, wenn schon seitens der Kreditnehmer kein Interesse besteht, sich über die Banken fremd zu finanzieren. So unterlassen in Phasen wirtschaftlichen Abschwunges beziehungsweise bei Kapazitätsunterauslastungen Unternehmen häufig Erweiterungsinvestitionen, weil hier das Investitionsklima eher schlecht ist. Umfragewerte und ökonometrische Schätzungen boten für das Jahr 2008 ein uneinheitliches Bild. Der Sachverständigenrat tendierte dazu, dass sinkende Kreditvolumen eher nicht mit nachfrageseitigen Aspekten, also über (vermeintlich) abnehmende Kreditanträge seitens der Wirtschaft zu begründen, sondern machte vielmehr die *Angebotsseite* für die *verschärften Finanzierungsbedingungen*, welche die Realwirtschaft zu Recht beklagt hatte, verantwortlich[149]. Im Rahmen der Neubewertung der durch die Banken selbst eingegangenen Kreditrisiken hätten diese jene Risiken eher „überschätzt", was wegen der häufig im Bankensektor zu beobachtenden *Prozyklität der Kreditvergabepraxis* in konjunkturpolitischer Hinsicht problematisch ist[150]. Insgesamt aber könne für den Zeitraum 2008/2009 keine allgemeine Kreditklemme konstatiert werden, eine Verschärfung bei den Finanzierungskonditionen, und dazu gehören *höhere Anforderungen* an die seitens der Kreditnehmer zu stellenden *Sicherheiten* sowie *gestiegene Kreditzinsen*, seien ab dem Herbst 2009 allerdings zu beobachten gewesen[151]. Etwas kritischer sah das *ifo Institut*[152] in seiner Ende des Jahres 2009 veröffentlichten Prognose für 2010 die Lage. Schon im Sommer 2009 hatte das Münchener Wirtschaftsforschungsinstitut die Ansicht vertreten, das *Kreditvolumen* werde wegen der eher

149 Zu den Gründen eines im Zeitraum 2008/2009 gesunkenen Kreditvolumens: Sachverständigenrat zur Begutachtung der gesamtwirtschaftlichen Entwicklung, Die Zukunft nicht aufs Spiel setzen, Jahresgutachten 2009/2010, Wiesbaden 2009, S. 54f.

150 Stark vereinfacht bedeutet das, dass in der Phase des Aufschwunges ein „Überangebot" an Krediten existiert, was zu einer konjunkturellen Überhitzung führen kann und umgekehrt. Siehe stellvertretend zum Thema „antizyklische Fiskalpolitik": Clement/Terlau/Kiy, Grundlagen der Angewandten Makroökonomie – Eine Verbindung von Makroökonomie und Wirtschaftspolitik mit Fallbeispielen, 4. Auflage, München 2006, S. 495ff. Siehe insoweit auch Roos, der den Einsatz der antizyklischen Fiskalpolitik zwecks Krisenbekämpfung 2008/2009 als eine zur damaligen Zeit angemessene Strategie des Krisenmanagements verteidigt; vgl. Roos, Die deutsche Fiskalpolitik während der Wirtschaftskrise 2008/2009, PWP 2009, 389(394-397).

151 Zu diesem doch etwas ernüchternden Ergebnis gelangte der Sachverständigenrat unter Bezugnahme auf eine DIHK-Umfrage vom Herbst 2009. Vgl. Sachverständigenrat zur Begutachtung der gesamtwirtschaftlichen Entwicklung, Die Zukunft nicht aufs Spiel setzen, Jahresgutachten 2009/2010, Wiesbaden 2009, S. 55, dort aufgeführt innerhalb des Kastens 2.

152 Mittlerweile ging - im Gegensatz zum Sachverständigenrat - das ifo Institut doch von der Existenz einer Kreditklemme für 2009 aus, weil das Kreditangebot zurück gegangen sei. Dies gelte nach Ansicht des ifo Institutes insbesondere für Kredite mit längeren Laufzeiten, was primär die Finanzierung von Vorhaben der Großunternehmen tangiert. Siehe hierzu die Abbildung 3.20 bei: Carstensen / Nierhaus / Hülsewig / Abberger / Buchen / Breuer / Elstner / Henzel / Hristov / Kleemann / Mayr / Meister / Paula / Stangl / Wohlrabe / Wollmershäuser, ifo Konjunkturprognose 2010: Deutsche Wirtschaft ohne Dynamik, in: ifo Schnelldienst 24/2009, 17(59).

pessimistischen Wirtschaftsaussichten zum Jahr 2010 hin zunächst noch weiter zurückgehen, um dann erst gegen Ende 2010 sich wieder etwas auszuweiten. Von einer Kreditklemme war damals jedoch noch nicht die Rede gewesen[153]. Der angebotsseitige Aspekt der *bankeninternen Risikobewertung* steht demnach hier ebenso im Vordergrund der Analyse.

In der Zwischenzeit ist zum Ende des Jahres 2011 inflationsbedingt eher mit einem *Anstieg des Zinsniveaus* zu rechnen. Als mögliche inflationäre Tendenzen gelten beispielsweise höhere Energie- und Lebensmittelpreise sowie entsprechende Tarifabschlüsse. Der Sachverständigenrat tendierte bei seiner Prognose ebenso zur Annahme eines leichten Anstiegs des Zinsniveaus, was sich aus den Prämissen, auf denen die Wirtschaftsprognose für das Jahr 2010 basierte, ergab[154].

Noch im Jahre 2009 zog der Sachverständigenrat in seinem Jahresgutachten 2009/2010, dort auf Seite 58, folgendes Fazit:

> *„Insgesamt zeigt sich, dass sich die Finanzierungsbedingungen der Realwirtschaft in der jüngsten Vergangenheit verschärft haben. Diese Entwicklung geht jedoch nur in bestimmten Segmenten über eine mit dem Konjunkturbild zu erwartende Straffung der Kreditvergabe hinaus. Da jedoch trotz der konjunkturellen Erholung mit weiteren Kreditausfällen zu rechnen ist, muss man von einer spürbaren Belastung der Aufschwungsdynamik durch weiterhin angespannte Finanzierungsbedingungen ausgehen. Um einer solchen Entwicklung entgegenzuwirken, wird es notwendig sein, die Nutzung der vom Sonderfonds Finanzmarktstabilisierung (SoFFin) zur Verfügung gestellten Instrumente zur Auslagerung von Problemaktiva und zur Rekapitalisierung des Bankensektors zu forcieren."*

Das wirft die Frage danach auf, ob wenigstens der *private Konsum* im Jahr 2011 ein positives Zeichen wird setzen können.

153 Zur Problematik siehe Carstensen / Nierhaus / Hülsewig / Abberger / Breuer / Elstner / Henzel / Mayr / Meister / Paula / Stangl / Wollmershäuser, ifo Konjunkturprognose 2009/2010: Abschwung setzt sich fort, in: ifo Schnelldienst 12/2009, 11(27), „Zur Kreditsituation in Deutschland".

154 Sachverständigenrat zur Begutachtung der gesamtwirtschaftlichen Entwicklung, Die Zukunft nicht aufs Spiel setzen, Jahresgutachten 2009/2010, Wiesbaden 2009, S. 60, wo konkret auf die Daten in Kasten 3 „Annahmen der Prognose" zu verweisen ist.

4.3 Wirtschaftstatsachen zu den privaten Konsumausgaben

Zum Nachfrageschock 2. Teil: Betroffen ist hier die Gruppe der *Konsumenten.* Um die Rezession in Deutschland ab 2010 wieder zu überwinden, würden wachsende Konsumausgaben belebend wirken. Hiermit war nach dem im Jahre 2009 erstellten Gutachten des *ifo Institutes*[155] jedoch für 2009/2010 kaum zu rechnen. Bedingt durch die staatliche „Umweltprämie" wurden von den privaten Haushalten 2009 vermehrt PKW gekauft, was zunächst mithalf, den wegen der Finanzmarktkrise zu erwartenden völligen Einbruch bei den Konsumausgaben zu verhindern. Allerdings gingen besagte kostenintensive Anschaffungen zu Lasten anderer Güter und Dienstleistungen, wie die gesunkene Nachfrage nach Einrichtungsgegenständen, Bekleidung, Schuhen und Gaststättendienstleistungen nebst Beherbergungen bewies[156]. Für das Jahr 2010 wurde dagegen einer erheblichen Verschlechterung der Lage auf dem Arbeitsmarkt das Wort geredet, weil die dort bislang vorgenommenen strukturpolitischen Eingriffe auf Dauer für die Unternehmen und den Staat nicht weiter finanzierbar seien. Mit abnehmenden staatlichen Transferleistungen würden die Arbeitslosenzahlen wieder ansteigen. Schon deshalb sei mit einer Verschlechterung beim Konsumklima für 2011 zu rechnen. Belegt wird diese These durch folgende Entwicklung auf dem *Arbeitsmarkt*[157]: So hatte beispielsweise die Zahl der sozialversicherungspflichtigen Beschäftigten und der Selbständigen 2009 abgenommen. Einen Zuwachs konnte man lediglich bei der Anzahl der ausschließlich geringfügig Beschäftigten verzeichnen, was alles andere als erfreulich war.

Und das eben Gesagte bestätigte noch einen anderen Trend, nämlich den einer in Deutschland zu beobachtenden *zunehmenden Konzentration der Einkommen.* Im Ergebnis führte das in Deutschland zu einer wachsenden Einkommensspreizung. Waren die Nominaleinkommen am oberen Ende der Skala in den

---

155 Siehe Carstensen / Nierhaus / Hülsewig / Abberger / Breuer / Elstner / Henzel / Mayr / Meister / Paula / Stangl / Wollmershäuser, ifo Konjunkturprognose 2009/2010: Abschwung setzt sich fort, in: ifo Schnelldienst 12/2009, 11(42-45), „Privater Konsum nimmt ab".

156 Ebenfalls noch eher pessimistisch gestimmt waren: Carstensen / Nierhaus / Hülsewig / Abberger / Buchen / Breuer / Elstner / Henzel / Hristov / Kleemann / Mayr / Meister / Paula / Stangl / Wohlrabe / Wollmershäuser, ifo Konjunkturprognose 2010: Deutsche Wirtschaft ohne Dynamik, in: ifo Schnelldienst 24/2009, 17(49).

157 Zu den arbeitsmarktpolitischen Daten vgl. Carstensen / Nierhaus / Hülsewig / Abberger / Buchen / Breuer / Elstner / Henzel / Hristov / Kleemann / Mayr / Meister / Paula / Stangl / Wohlrabe / Wollmershäuser, ifo Konjunkturprognose 2010: Deutsche Wirtschaft ohne Dynamik, in: ifo Schnelldienst 24/2009, 17(56), dort insbesondere Tabelle 3.9.

letzten Jahren stark gestiegen, so hatten sich die mittleren und niedrigen Einkommen nur moderat beziehungsweise überhaupt nicht erhöht[158]. Die Arbeitsmarktlage zu 2011 dürfte diese Entwicklung eher noch fördern, wurde bisweilen vermutet. Berücksichtigt man zudem noch die Tatsache, dass sich in Deutschland in den letzten Jahren die Konzentration der Einkommensverteilung fortgesetzt hat, dann ist mit folgenden Konsequenzen zu rechnen: Erstens wird die *Staatsquote steigen*, ohne dass der Staat mehr Aufgaben übernimmt und zweitens wird die *Steuerquote wachsen*, ohne dass der Staat die Steuern erhöht[159]. Unter den volkswirtschaftlichen Kennzahlen der *Staatsquote* und der *Steuerquote* wird jeweils der prozentuale Anteil der Staatsausgaben beziehungsweise der Steuereinnahmen bezogen auf das Bruttoinlandsprodukt zu Marktpreisen verstanden. Ein Beispiel: Weist ein Land eine überdurchschnittlich hohe Staatsquote auf, dann besteht die Gefahr, dass der Staat hier Aufgaben übernimmt, die von den privaten Unternehmen möglicherweise effizienter und besser hätten ausgeübt werden können. Im Ergebnis bedeutet das ein Verdrängen privater Investitionstätigkeit, was zu einer *Fehlallokation der Ressourcen* führt. Hat ein Land eine zu hohe Steuerquote vorzuweisen, dann ist im Normalfall dadurch dessen Wirtschaftsstandort und zudem dessen internationale Wettbewerbsfähigkeit gefährdet. Das gefährdet wiederum die Arbeitsplätze vieler Konsumenten in dieser Nation.

Für Deutschland im Zeitraum 2008 bis 2010 blieb einem als *Zwischenergebnis* bedauerlicherweise nur die Erkenntnis, dass ein den privaten Konsum fördernder Ordnungsrahmen, hier verstanden als eine die private Nachfrage nachhaltig stimulierende Wirtschaftspolitik, nicht existierte. So verwunderte es nicht, wenn die Forschungsinstitute und der Sachverständigenrat im Jahr der Wirtschaftskrise 2009 für das Jahr 2010 von den Ausgaben der privaten Haushalte eher keine Wachstumsimpulse ausgehen sahen.

---

158 Neubäumer, „Does Distribution Matter?“ Ein Diskussionsbeitrag zu den Auswirkungen der Konzentration der Einkommensverteilung auf die Staatstätigkeit und die ihr zugrundeliegenden Wertvorstellungen, Jahrbuch der Wirtschaftswissenschaften, 59. Jahrgang (2008), 141(141). Im Ergebnis ebenso von der Vring, Bilanz der Lohnzurückhaltung 2000-2007 im volkswirtschaftlichen Kreislauf Deutschlands, WSI 2009, 319(320f.).

159 Neubäumer, „Does Distribution Matter?“ Ein Diskussionsbeitrag zu den Auswirkungen der Konzentration der Einkommensverteilung auf die Staatstätigkeit und die ihr zugrundeliegenden Wertvorstellungen, Jahrbuch der Wirtschaftswissenschaften, 59. Jahrgang (2008), 141(141f.).

Indikatoren zur Konsumkonjunktur

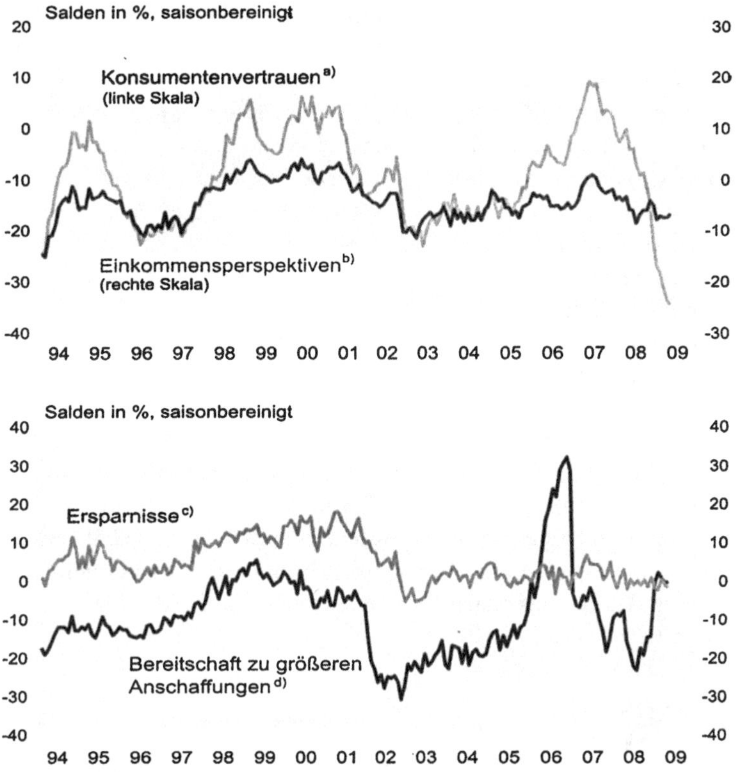

a) Mittelwert der Salden in % der Meldungen der privaten Haushalte zu ihrer finanziellen und wirtschaftlichen Lage (in den kommenden 12 Monaten), Arbeitslosigkeitserwartungen (in den kommenden 12 Monaten) und den Ersparnissen (in den kommenden 12 Monaten).
b) Finanzielle Lage in den kommenden 12 Monaten.- c) In den kommenden 12 Monaten.
d) Gegenwärtig.

Quelle: Europäische Kommission, Mai 2009.

Quelle: Carstensen / Nierhaus / Hülsewig / Abberger / Breuer / Elstner / Henzel / Mayr / Meister / Paula / Stangl / Wollmershäuser, ifo Konjunkturprognose 2009/2010: Abschwung setzt sich fort, in: ifo Schnelldienst 12/2009, 11(35).

Prognostiziert wurde seitens des *ifo Institutes* für Deutschland 2010 ein Rückgang des verfügbaren Einkommens bei einem gleichzeitigen Anstieg der Sparquote[160], zumal teure Anschaffungen zumeist „vorgezogen" getätigt worden wa-

160 Zu einem Anstieg der Sparquote kam es entgegen der gängigen Prognosen der Forschungsinstitute im Jahre 2009 in Deutschland nicht, wofür primär die staatliche Um-

ren. Das ergab einen Prognose Wert in Bezug auf den Rückgang bei den Konsumausgaben i. H. v. 0,8%. Das Ausgehen von Wachstumsimpulse vom privaten Verbrauch für die deutsche Volkswirtschaft wurde nicht erwartet. Im Ergebnis ähnlich, wenn auch im Hinblick auf den privaten Konsum etwas günstiger als das ifo Institut, fiel die Prognose des *Sachverständigenrates* aus. Dort kam man, was den privaten Konsum betraf, auszugsweise zu folgendem Ergebnis[161]: Im Jahre 2009 habe der private Konsum bei einem Anstieg von 0,8% sich noch als eine Konjunkturstütze erwiesen. Hier spielten selbstverständlich die beiden von der damaligen Bundesregierung beschlossenen und auch finanzierten Konjunkturpakete eine zentrale Rolle. Gerade die „Umweltprämie" habe einen enormen Beitrag dabei geleistet, dass der private Konsum auf dem Höhepunkt der Krise nicht völlig eingebrochen war. Allerdings dürften *Substitutionseffekte*[162] (PKW) ab 2010 eher eine auf die Konjunktur dämpfende Wirkung ausstrahlen. Ferner sanken die Bruttolöhne und Bruttogehälter je Beschäftigte 2009 um 0,5%. Im Jahr 2010 würden die Bruttobezüge jedoch um 0,5% steigen. Bei einem vom *Sachverständigenrat* prognostizierten Anstieg der Arbeitslosenquote von 8,2% (2009) auf 9,4% (2010)[163] ergebe das letztlich eine Erhöhung der Bruttolöhne und Bruttogehälter um 2,1% je Beschäftigte. Wegen des für 2010 prognostizierten Anstiegs der Arbeitslosenzahlen wird im Ergebnis der konsumtiv betrachtete positive Aspekt gestiegener Bruttobezüge wieder aufgezehrt. Die Verwendung des BIP lässt sich unter Bezugnahme auf das Jahresgutachten des *Sachverständigenrates* 2009/2010 wie folgt abbilden:

weltprämie verantwortlich gewesen sein dürfte. Gleicher Ansicht Nierhaus, Wirtschaftskonjunktur 2009: Prognose und Wirklichkeit, ifo Schnelldienst 2010, 30(32).

161 Sachverständigenrat zur Begutachtung der gesamtwirtschaftlichen Entwicklung, Die Zukunft nicht aufs Spiel setzen, Jahresgutachten 2009/2010, Wiesbaden 2009, S. 63-66.

162 Aus finanzwissenschaftlicher Sicht siehe Brümmerhoff, Finanzwissenschaft, 9. Auflage, München; Wien 2007, S. 450.

163 Zur Prognose, was die Arbeitsmarktthematik betrifft, siehe Sachverständigenrat zur Begutachtung der gesamtwirtschaftlichen Entwicklung, Die Zukunft nicht aufs Spiel setzen, Jahresgutachten 2009/2010, Wiesbaden 2009, S. 68, wo die Ergebnisse der Berechnungen anhand der in Tabelle 9 abgebildeten Daten zu entnehmen sind.

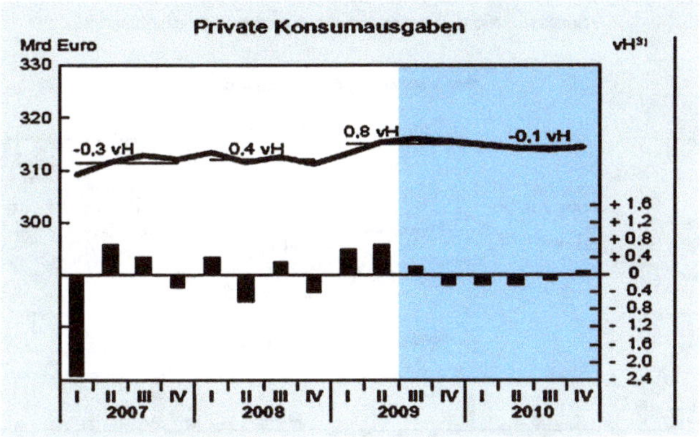

Quelle: Sachverständigenrat zur Begutachtung der gesamtwirtschaftlichen Entwicklung, Die Zukunft nicht aufs Spiel setzen, Jahresgutachten 2009/2010, Wiesbaden 2009, S. 64 Schaubild 12 auszugsweise, soweit die Konsumausgaben betreffend.

In seinem Jahresgutachten 2009/2010 vertrat der *Sachverständigenrat* noch die Auffassung, der private Konsum werde als ein die Konjunktur im Jahre 2010 stützendes Element eher ausscheiden. Vielmehr wurde mit einer Erhöhung der *Sparquote*[164] von 11,2% (2009) auf 11,4% (2010) in Deutschland gerechnet[165]. Inzwischen revidierte der Sachverständigenrat in seinem Jahresgutachten von 2010/2011 jene Ansicht und geht für das zweite Halbjahr 2010 und für das Jahr 2011 davon aus, die *private Binnennachfrage* werde der neue Impulsgeber für ein moderates Wirtschaftswachstum sein. Hierbei spiele erstmals seit längerem auch der private Konsum in Deutschland eine bedeutende Rolle. Die prognostizierte Wirtschaftsentwicklung hat der Sachverständigenrat in Schaubild 14 zusammengefasst:

164 Zum Sparen der privaten Haushalte aus verteilungspolitischer Sicht Brümmerhoff, Finanzwissenschaft, 9. Auflage, München; Wien 2007, S. 298f.

165 Im Hinblick auf die zitierten volkswirtschaftlichen Eckdaten wird auf das Jahresgutachten des Sachverständigenrates von 2009/2010 verwiesen; siehe Sachverständigenrat zur Begutachtung der gesamtwirtschaftlichen Entwicklung, Die Zukunft nicht aufs Spiel setzen, Jahresgutachten 2009/2010, Wiesbaden 2009, S. 61, Tabelle 7.

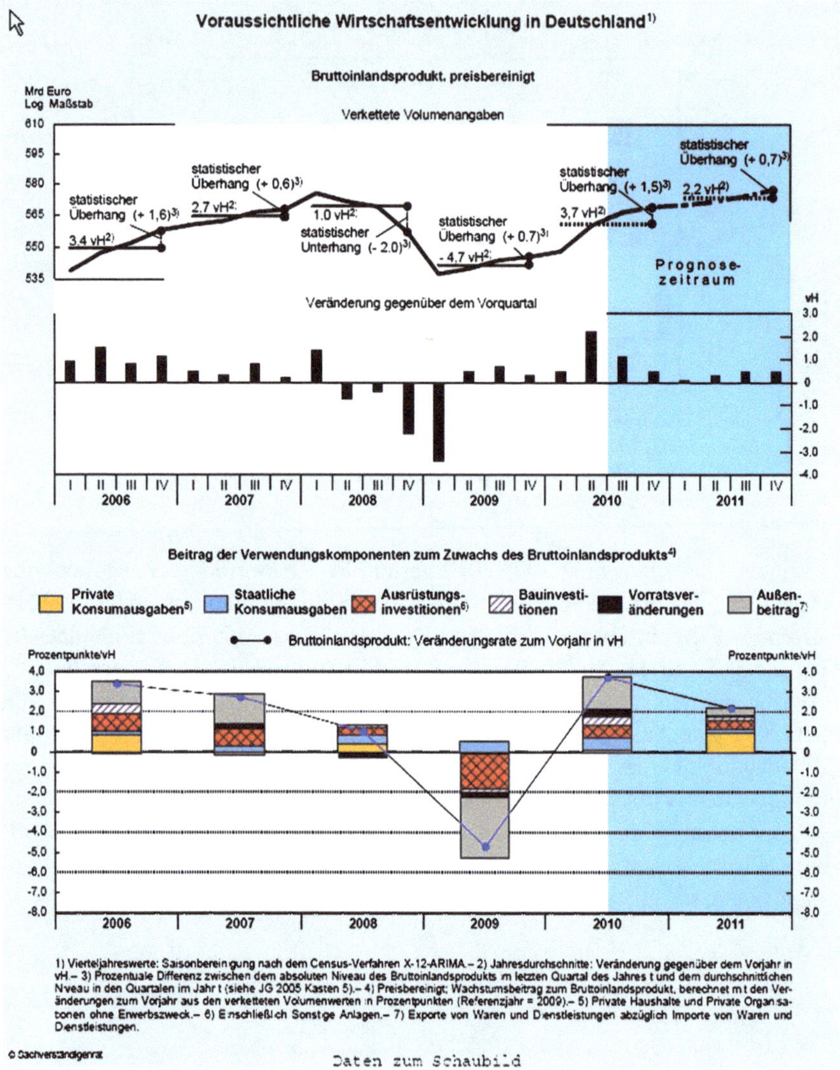

Quelle: Sachverständigenrat zur Begutachtung der gesamtwirtschaftlichen Entwicklung, Chancen für einen stabilen Aufschwung, Jahresgutachten 2010/2011, Wiesbaden 2010, S. 55, dort Schaubild 14.

Auch das *ifo Institut* musste 2011 bekennen, mit seiner Dezemberprognose von 2009 die Wirtschaftsentwicklung in Deutschland, was die Jahre 2010/2011 betraf, zu pessimistisch eingeschätzt zu haben. Unterschätzt wurden die Bedeutung der Exportnachfrage für Deutschland und die Entwicklung des Welthandels, der anstatt der prognostizierten Zuwachsrate von 5%-Punkte gar um 12%- Punkte zulegte[166]. Gerade der Export deutscher Güter in die USA sowie in die Wachstumsmärkte Asiens hatte sich wider Erwarten überdurchschnittlich positiv auf das Wirtschaftswachstum in Deutschland im ersten Halbjahr 2010 ausgewirkt. Im Anschluss daran nahmen die privaten Konsumausgaben in einem seitens des ifo Institutes nicht vermuteten Ausmaße zu. Die relevanten Daten sind der Tabelle 1 des im Anschluss daran zitierten Beitrages von *Nierhaus* zu entnehmen:

Tab. 1
Prognosen und Prognosefehler für das Jahr 2010
Verwendung des realen Bruttoinlandsprodukts

	ifo Dezemberprognose 2009 Prognosewerte für 2010		**Statistisches Bundesamt** Istwerte für 2010[a]		**Prognosefehler für 2010** Differenz der Wachstumsraten bzw. -beiträge	
	Veränderung in Prozent gegenüber dem Vorjahr (1)	Wachstumsbeitrag in Prozentpunkten[b] (2)	Veränderung in Prozent gegenüber dem Vorjahr (3)	Wachstumsbeitrag in Prozentpunkten[b] (4)	Spalte (3) abzüglich Spalte (1) (5)	Spalte (4) abzüglich Spalte (2) (6)
Inlandsnachfrage	**0,9**	**0,9**	**2,6**	**2,5**	**1,7**	**1,6**
Privater Konsum	0,2	0,1	0,5	0,3	0,3	0,2
Staatlicher Konsum	1,3	0,3	2,2	0,4	0,9	0,1
Ausrüstungen	1,0	0,1	9,4	0,6	8,4	0,5
Bauten	0,5	0,1	2,8	0,3	2,3	0,2
Sonstige Anlageinvestitionen	4,0	0,0	6,4	0,1	2,4	0,1
Vorratsveränderungen	–	0,4	–	0,8	–	0,4
Außenbeitrag	–	**0,9**	–	**1,1**	–	**0,2**
Ausfuhr	8,4	3,4	14,2	5,8	5,8	2,4
Einfuhr	6,9	−2,5	13,0	−4,7	6,1	−2,2
Bruttoinlandsprodukt	**1,7**	**1,7**	**3,6**	**3,6**	**1,9**	**1,9**

[a] Erste Ergebnisse der Inlandsproduktsberechnung (Januar 2011). – [b] Beiträge der Nachfragekomponenten zur Veränderung des Bruttoinlandsprodukts (Lundberg-Komponenten). Der Wachstumsbeitrag einer Nachfragekomponente ergibt sich aus der Wachstumsrate gewichtet mit dem nominalen Anteil des Aggregats am Bruttoinlandsprodukt aus dem Vorjahr. Abweichungen in den Summen durch Runden der Zahlen. Angaben für das Bruttoinlandsprodukt: Veränderung gegenüber dem Vorjahr in Prozent.

Quelle: Statistisches Bundesamt; Berechnungen des ifo Instituts.

Quelle: Nierhaus, Wirtschaftskonjunktur 2010: Prognose und Wirklichkeit, ifo Schnelldienst 2011, 22(24).

Neben dem ifo Institut ist als weiteres Forschungsinstitut das *HWWI* der Ansicht, die deutsche Volkswirtschaft werde 2011 eine Wachstumsrate von 2,5% verzeichnen können, wobei diese - verglichen mit den Prognosen des Sachverständigenrates und des ifo Institutes - noch etwas positivere Einschätzung vorrangig der anziehenden Inlandsnachfrage zu verdanken sei[167]. Wegen der Ex-

166 Nierhaus, Wirtschaftskonjunktur 2010: Prognose und Wirklichkeit, ifo Schnelldienst 2011, 22(23).

167 Hinze, Chancen für eine Fortsetzung des Aufschwungs, Wirtschaftsdienst 2011, 71(71).

portorientiertheit der deutschen Wirtschaft sind besagte Prognosen jedoch mit folgenden Einschränkungen zu versehen. Einerseits ist die Finanzkrise noch nicht völlig überwunden, andererseits sind Banken- und Staatsschulden im Euroraum nach wie vor ein Thema. Die konjunkturelle Entwicklung in den Ländern, in die deutsche Güter vorrangig exportiert werden, muss ebenso kritisch begleitet werden[168].

Auch die seitens der *Gesellschaft für Konsumforschung*[169] in Nürnberg (GfK) monatlich herausgegebenen Konsumklimastudien belegten, dass die Stimmung unter den Verbrauchern in Deutschland zu Beginn des Jahres 2010 eher in Richtung Sparen denn zu größeren Konsumausgaben hin tendierte. Bevorzugt gespart wurde bei den Konsumenten in Deutschland durch das Hinausschieben teurer Anschaffungen auf einen späteren Zeitpunkt. Dabei handelte es sich um die prognostizierten Substitutionseffekte, welche mit der staatlichen „Umweltprämie" in Verbindung standen. Ferner sahen die Konsumenten in Deutschland noch Einsparpotentiale bei Lebensmitteln, Getränken und Gaststättenbesuchen. Auch wurde besagtes Konsumentenverhalten von der Lage auf dem Arbeitsmarkt mit beeinflusst. Sollte die Situation auf dem Arbeitsmarkt in den kommenden Monaten zunehmend schwieriger werden, dann würden die sich anhand des Gesetzes zur Beschleunigung des Wirtschaftswachstums zu erwartenden positiven Wachstumsimpulse nur noch in erheblich abgeschwächter Form präsentieren. Die Einkommenserwartungen der Deutschen dürften sodann weiter stagnieren. Zudem ging von den negativen Wirtschaftsdaten einiger krisengeschüttelter Nationen innerhalb des Euroraumes in Zeiten der Globalisierung nicht gerade eine beruhigende Wirkung auf das Verbrauchervertrauen aus. Befürchtet wurden negative Auswirkungen auf die gesamtwirtschaftliche Entwicklung Deutschlands. Somit trübte sich die Konjunkturerwartung etwas ein. Das überraschte keineswegs. In der Tat dürften die Verbraucher bei größeren Anschaffungen in den Jahren 2010 und 2011 ihr Ausgabeverhalten tendenziell etwas genauer vorab überdenken, als dies noch 2009 der Fall gewesen war. Bereits aus diesen Erwägungen heraus war die Konsumneigung 2010, verglichen mit den Vorjahreswerten, als leicht abnehmend erwartet worden. Das Gesagte betraf noch den Stand der Konsumklimastudie der GfK, datierend vom 24. Februar 2010. Gut ein Jahr danach hat auch bei den Konsumenten in Deutschland sich die eher negative Einschätzung in eine positive Stimmungslage, was die Wirtschaftsentwicklung und den Konsum in Deutschland anbelangt, verwandelt.

---

168 Vgl. Hinze, Chancen für eine Fortsetzung des Aufschwungs, Wirtschaftsdienst 2011, 71(72).

169 Hhttp://www.gfk.com/group/index.de.htmlH, abgerufen am 25.02.2010.

Wie die *GfK*[170] in Nürnberg in ihrer im April 2011 veröffentlichten Studie dargelegt, hätte zwar die politische Entwicklung im Nahen Osten sowie in Nordafrika nebst den rasant gestiegenen Energie- und Rohstoffpreisen mit dafür gesorgt, dass die konjunkturelle Dynamik in Deutschland (2010) sich so nicht im Jahre 2011 wiederholen werde. Doch könne zumindest der *private Konsum* nunmehr als Impulsgeber eines sich weiter (abgebremst) fortsetzenden Aufschwungs angesehen werden. In weitgehender Übereinstimmung mit dem Sachverständigenrat und den auszugsweise zitierten Prognose Werten der genannten Forschungsinstitute schätzte auch die GfK den Anteil, den der private Konsum an der Wachstumsrate des preisbereinigten BIP innehabe, auf immerhin einen Wert von 1,5%. Wenn dem so wäre, käme den getätigten Konsumausgaben 2011 eine erheblich wichtigere volkswirtschaftliche Bedeutung bei, als zuweilen angenommen wird.

5 Eigene Stellungnahme

Eine in diesem Umfang noch nie da gewesene finanzielle Unterstützung des Bankensektors durch den deutschen Staat beziehungsweise seitens der Staaten in der Eurozone auch durch die EZB hat letztlich die befürchtete flächendeckende Verknappung des Kreditangebots noch verhindert. Hierüber herrscht weitgehend Einigkeit. Um zukünftige Bankenkrisen zu verhindern, existieren inzwischen diverse Vorschläge, die eine (teils) radikale Veränderung des Bankensystems in Deutschland und möglichst auch in der EU vorsehen. Hierauf kann verständlicherweise an dieser Stelle nicht näher eingegangen werden[171]. Unter Bezugnahme auf den bereits dargestellten *kredittheoretischen Transmissionsansatz* ist festzuhalten, dass der dringend benötigte Wirtschaftsaufschwung in Deutschland ein noch stärkeres Engagement von der Kreditanbieterseite her bedarf, damit die Unternehmen wieder mehr investieren können. Grundsätzlich ist die Investitionsneigung der Unternehmen nicht von den zuvor erzielten Gewinnen und somit

170 Hhttp://www.gfk.com/group/index.de.htmlH, abgerufen am 19.04.2011.

171 Einen ersten Überblick über die im Sommer 2011 diskutierten Projekte im Bereich der Finanzmarktregulierung bietet das 25-seitige Arbeitspapier des Deutschen Bankenverbandes, Stand Juni 2011; siehe Bundesverband deutscher Banken (Hrsg.), Übersicht über aktuelle Vorhaben im Bereich der Finanzmarktregulierung, Arbeitspapier (Stand Juni 2011), Berlin 2011. Zu den Lehren aus der Krise siehe stellvertretend die Ausführungen von Winkhaus, Nach der Bankenkrise - was ist zu tun? in: Festschrift anlässlich des 50-jährigen Bestehens des Forschungsinstitutes für Wirtschaftsverfassung und Wettbewerb e.V. (Hrsg.), Wettbewerbspolitik und Kartellrecht in der Marktwirtschaft, Köln 2010, S. 120-126.

von der jeweils vorhandenen Lohnstruktur monokausal abhängig. Die Existenz eines „gesunden Investitionsklimas“ ist für die Unternehmer natürlich ebenso von Bedeutung[172]. Empirische Untersuchungen ergaben für Deutschland ab dem Jahre 1991, dass ein solches „Investitionsklima“ erst dann gegeben war, wenn ein preisbereinigtes Wirtschaftswachstum von mehr als 2% existierte[173]. Solche Werte sind in nächster Zeit nicht dauerhaft zu erwarten. Bei „normalen Wachstumsraten“ stagnieren oder sinken demzufolge die privaten Investitionen, egal wie die jeweilige Entwicklung der Gewinne und der Löhne verlaufen ist. Auch die ehemaligen Prognose Werte für das Jahr 2010, was die Kreditvergabepraxis der Banken betraf, ließen nur eine begrenzte Hoffnung auf die Existenz eines sich selbst tragenden, nachhaltigen Wirtschaftsaufschwungs aufkommen. Da sich sowohl die Investitionstätigkeit der Unternehmen als auch die Konsumausgaben der privaten Haushalte im Regelfall prozyklisch verhalten werden, durfte sich die Bundesregierung im Jahr 2010 noch nicht aus ihrer wirtschaftspolitischen Verantwortung zurückziehen. Aktuell ist in Anbetracht der Tatsache, dass einige Mitgliedsstaaten der EU in bedrohliche ökonomische Schwierigkeiten geraten sind, mit einer *leichten Kürzung der Sozialstandards* in Deutschland zu rechnen, da dem deutschen Staat kein Geld für eine umverteilungsorientierte Wirtschaftspolitik zur Verfügung steht. Zu den Verlierern werden dann die Angehörigen des unteren Drittels der Einkommenspyramide gehören. Einmal unterstellt, dass diese Gruppe der Gesellschaft trotz der Wirtschaftskrise ihre Wertvorstellungen nicht nach unten korrigiert, ist mit einer wachsenden „Politikverdrossenheit“ zu rechnen. Außerdem nimmt besagtes Scenario Einfluss auf das Konsumverhalten der Verbraucher. Hochpreisige Güter und Dienstleistungen dürften vermehrt durch preiswerte Alternativen ersetzt werden, was dann primär den Einzelhandel treffen würde.

Zum Einfluss der Konsumausgaben in Deutschland auf das Wirtschaftswachstum zwecks Überwindung der Rezession gewinnt man 2011 folgendes Bild: Nicht ganz unerwartet übertrug sich die Finanzmarktkrise auf die deutsche Realwirtschaft (2008/2009). Dies hatte die erwarteten negativen Auswirkungen auf die Unternehmensfinanzierung und zeitversetzt für 2010 dann auf den privaten Konsum zur Folge. Wenn zudem noch die Wirtschaftsakteure (Unternehmen, private Haushalte) eine *pessimistische Erwartungshaltung* in Bezug auf die weitere wirtschaftliche Entwicklung eines Landes einnehmen, dann gewinnen subjektive Faktoren bei der Entscheidungsfindung an Bedeutung. Im Ergebnis

172 Stellvertretend Roos, Die deutsche Fiskalpolitik während der Wirtschaftskrise 2008/2009, PWP 2009, 389(408).

173 Der Wert bezieht sich auf den Anstieg der privaten Investitionen bei Ausklammerung des Wohnungsbaus. Zu den Daten siehe von der Vring, Bilanz der Lohnzurückhaltung 2000-2007 im volkswirtschaftlichen Kreislauf Deutschlands, WSI 2009, 319(322f.).

werden dann Erweiterungsinvestitionen seitens der Unternehmen und Anschaffungen von Gütern und Dienstleistungen seitens der Verbraucher erst einmal hinten angestellt. Beides ist in Zeiten der Rezession, konjunkturpolitisch betrachtet, für eine Volkswirtschaft im Allgemeinen und für Deutschland im Besonderen kontraproduktiv. Damit droht die Gefahr einer Verfestigung des Wirtschaftsabschwunges in Deutschland[174]. Sicherlich hatte die ökonomische Entwicklung im Zeitraum 2008 bis 2010 das Auflegen staatlicher Konjunkturförderprogramme durch die Bundesregierung gerechtfertigt. Ökonomische Spielräume waren allerdings in Deutschland für eine Staatsverschuldung des Ausmaßes, wie sie durch die Finanzmarktkrise hervorgerufen worden war, eigentlich nicht vorhanden. Kommt es in nächster Zeit zu den staatlicherseits zu verordnenden Sparprogrammen, an denen man - nicht nur wegen der „Maastricht-Kriterien"[175] - einfach nicht vorbeikommen wird, dann könnte allerdings eine deutsche restriktive Fiskalpolitik die Rezession noch weiter verschärfen. Letzteres gilt nur dann nicht mehr, wenn zwischenzeitlich der Abschwung überwunden und der Aufschwung in Deutschland eingetreten sein sollte. Nur in einer solchen konjunkturpolitischen Phase ist eine restriktive Fiskalpolitik angebracht. Daraus folgt, dass Deutschland jetzt ausgesprochen zeitnah die Rezession überwunden haben müsste, um die teuren staatlichen Förderprogramme wieder zurückfahren zu können. Daran bestanden jedoch erhebliche Zweifel, wenn man die Wirtschaftsprognosen für 2010/2011 im Allgemeinen und die für die Entwicklung der privaten Konsumausgaben im Besonderen insoweit zu Rate zog[176].

Unter Zurückblendung auf die Ereignisse von 2007 bis 2009 wurde untersucht, inwiefern sich die internationale Finanzmarktkrise 2007/2008 in Form einer *exogenen Störung* auf das Wirtschaftswachstum in Deutschland im Allgemeinen und auf den privaten Konsum im Besonderen ausgewirkt hatte. Bezugnehmend auf besagte fiskalpolitische exogene Störung lässt sich der Versuch unternehmen, eine Hypothese bezüglich des Konsumverhaltens in Deutschland während dieser Zeit folgenden Inhalts aufzustellen:

---

174 Eine Kurzübersicht über die genannten ökonomischen Zusammenhänge bietet Brümmerhoff, Finanzwissenschaft, 9. Auflage, München; Wien 2007, S. 379-386.

175 An dieser Stelle ist nur kurz anzumerken, dass 20 der 27 EU-Mitgliedsstaaten wegen der Ereignisse der Finanzmarktkrise den Stabilitäts- und Wachstumspakt 2009 nicht erfüllten, wozu auch Deutschland gehörte. Das oberste Gebot müsste 2011 demnach „Sparen" lauten, um die Haushalte von Bund, Länder und Gemeinden konsolidieren zu können.

176 Neben anderen Autoren tendiert ebenso Roos zu der oben genannten Auffassung; vgl. Roos, Die deutsche Fiskalpolitik während der Wirtschaftskrise 2008/2009, PWP 2009, 389(394).

Wegen der Auswirkungen der internationalen Finanzmarktkrise 2007/2008 auf die nationalen Volkswirtschaften hatten die deutschen Verbraucher mit Konsumrückhaltung reagiert. Das durch die „Umweltprämie“ von 2009 kurzfristig entfachte verbesserte „Konsumklima“ werde sich zu 2010 wieder eintrüben. Mit einer konsumindizierten Verbesserung der Konjunktur könne auch im Jahre 2011 in Deutschland nicht gerechnet werden. Teure Konjunkturprogramme hätten nur einen bedingten Einfluss auf das bei den deutschen Verbrauchern existierende Konsumklima.

Was hat sich nun in ökonomischer Hinsicht tatsächlich ereignet? Ausgelöst durch die oben genannte exogene Störung kam es zu massiven Nachfrageausfällen bei Investitionsgütern und langlebigen Konsumgütern. Zu der noch im Jahr 2009 befürchteten dauerhaften Konsumzurückhaltung der deutschen privaten Haushalte kam es nur partiell. Die Konjunkturprogramme dürften insoweit schlimmeres verhindert haben. Doch soll ab 2011 das BIP wieder nennenswert zulegen, dann bedarf es hierzu vermehrter Anstrengungen bei den privaten Investitionen und beim privaten Konsum. Das Tätigen entsprechender Ausgaben ist nicht allein von *objektiven Kriterien* (monetäre Aspekte) abhängig, auch wenn solche, wie der zumindest ansatzweise Erfolg der staatlichen beiden Konjunkturprogramme belegt, nicht völlig außen vor bleiben dürfen. Vielmehr spielen auch *subjektive Kriterien* eine wichtige Rolle. Hierzu gehören beispielsweise die Zukunftserwartungen der Wirtschaftsakteure, was belegt, wie stark das Konsumentenverhalten einerseits von *sozialwissenschaftlichen Phänomenen*, sowie andererseits von *volkswirtschaftlichen Eckdaten* bestimmt wird. Die Bedeutung des nationalen „Konsumklimas“ für das Anschaffen von Gütern und Dienstleistungen ist unumstritten. Nur ist jene subjektive Größe, wie insbesondere der von der GfK in Nürnberg als „Konsumklimaindex“ errechnete Wert, nichts anderes als der Ausdruck einer zeitpunktbezogenen Erwartungshaltung, welche Verbraucher in Deutschland im Befragungszeitpunkt einnehmen. Die dort aufgefangene Stimmungslage unter den Konsumenten hängt wiederum von der medialen Verbreitung und Wahrnehmung der relevanten makroökonomischen Daten einer Volkswirtschaft ab. Dass es hierbei zu Verzerrungen kommen kann, liegt in der Natur des Menschen selbst begründet. Kommt es nun zu einer exogenen Störung, für die der *Staat nicht direkt verantwortlich* gemacht werden kann, dann wird dadurch das Treffen der „richtigen“ wirtschaftspolitischen Maßnahmen seitens des Staates durch die beschriebene Bedeutung der subjektiven Kriterien für die Investitions- und Konsumentscheidung der Marktakteure erheblich erschwert.

Bei der Finanzmarktkrise von 2007/2008, die letztlich in eine Weltwirtschaftskrise einmündete, handelte es sich lediglich um eine temporäre Erscheinung. Diese war allerdings heftig ausgefallen. Inzwischen gilt die Finanzmarktkrise als weitgehend überwunden. Dennoch ist mit einer anhaltenden Steigerung der privaten Konsumausgaben - trotz enormer staatlicher finanzieller Anreize - kaum zu rechnen. Die den Abschwung in Deutschland auslösende Finanzmarktkrise ist erfreulicherweise eher nur von sektoraler und temporärerer Bedeutung gewesen. Betroffen waren vor allem diejenigen Verbraucher, die finanziell weniger gut aufgestellt sind. Deren potentieller Konsum hängt erwiesenermaßen mehr vom aktuellen Einkommen denn von den Zukunftserwartungen der Konsumenten ab. Nach der hier vertretenen Ansicht dürfte das im Ergebnis zu einem „Mehr an Rationalität“ bei den Vertragseingehungsentscheidungen der Verbraucher führen. Die Konsequenz hiervon lautet: Es ist zu erwarten, dass in nächster Zeit eher preiswerte Güter erworben und primär günstige Dienstleistungsanbieter bevorzugt werden, als das noch vor einigen Jahren der Fall gewesen ist. Tatsächlich hatten die im Konsumbereich zu beobachtenden Einsparmaßnahmen in den Jahren 2008/2009 zu einem Absatzrückgang, allen voran beim Kauf von Möbeln sowie bei Hotelbuchungen und Gaststättenbesuchen geführt. Auch wurden deutlich weniger PKW, Bekleidung, Schuhe und Nahrungsmittel gekauft, seit dem die Krise die Realwirtschaft erreicht hatte. Eine „zielgenaue Beeinflussung“ der jeweiligen Stimmungslage der Unternehmer und Konsumenten wäre sicher wünschenswert. Eine solche lässt sich bislang jedoch in wirtschaftspolitischer Hinsicht nicht praktizieren.

3. Teil: Schutz des privaten Kreditnehmers aus der Perspektive der Neuen Institutionenökonomik im Allgemeinen und bei Kontraktgütern im Besonderen

Die Schutzbedürftigkeit des Verbrauchers in seiner Eigenschaft als privater Kreditnehmer steht nach dem im vorherigen Abschnitt Gesagten außer Frage. Damit ist die Verbraucherpolitik nebst deren Empfehlungen gefordert. Wegen deren Nähe zur Rechtswissenschaft erscheint es zielführend, sich mit der interdisziplinär ausgerichteten Neuen Institutionenökonomik sowie den insoweit verbraucherpolitisch relevanten Aussagen jenes Forschungsgebiets als nächstes zu befassen.

1 Kreditvergabepraxis der Banken als Prozesshandlung

In wirtschaftsdogmatischer Hinsicht weisen die zur vorliegenden Untersuchung bedeutsamen Empfehlungen der *Neuen Institutionenökonomik* einen starken Bezug zur Mikroökonomie (VWL) auf. Zu dieser wird auch die *Verbraucherpolitik* als ein Teil der Ordnungspolitik gerechnet[177]. Weil die Neue Institutionenökonomik interdisziplinäres Terrain betritt, ist sie für deren Nachbarwissenschaften interessant. Angesprochen sind hiermit vorrangig die *Betriebswirtschaftslehre* und die *Rechtswissenschaft*. Im Mittelpunkt der einzelwirtschaftlich ausgerichteten Neuen Institutionenökonomik stehen die im Alltag ständig zu beobachtenden, *vertragsbezogenen Informationsasymmetrien*. Anhand des folgenden Beispiels aus dem Bereich des Verbrauchsgüterkaufs lässt sich das verdeutlichen: Sowohl bei der Vergabe von Krediten als auch beim Verkauf von Konsumgütern handelt es sich um Angebots- und Nachfragebeziehungen. Anbieterseitige Preismanagementstrategien existieren mithin nicht nur beim Verbrauchsgüterkauf (sog. B2C-Bereich)[178], sondern auch beim Vertrieb von Finanzprodukten.

177 Ahlheim/Zahn, Versagt die Verbraucherpolitik? Versuch einer Antwort aus wohlfahrtsökonomischer Sicht, Wirtschaftsdienst 2011, 155(155). Zur Neuen Institutionenökonomik als Forschungsprogramm siehe die Einführung in die Thematik bei Erlei/Leschke/Sauerland, Neue Institutionenökonomik, 2. Auflage, Stuttgart 2007, S. 50-54.

178 Vgl. hierzu die Ausführungen bei Berens, Preismanagementstrategien im B2C-Bereich in Deutschland und Konsumverhalten – der Versuch einer kritischen Bestandsaufnah-

Als ein zentrales Problem erweist sich dabei die Existenz von Informationsasymmetrien auf Seiten der Marktakteure. So besitzt im Regelfall der Unternehmer *keine vollständige Information* über das *Konsumentenverhalten* der Werbeadressaten. Demgegenüber verfügt der Konsument im Hinblick auf die besonders vertragseingehungsrelevanten Faktoren *Preis und Qualität* des *Angebots* beziehungsweise des *Anbieters* ebenso wenig über vollständige Informationen. Für den Finanzdienstleistungssektor gilt das Gesagte analog. Die insoweit anders lautenden Annahmen im neoklassisch geprägten Grundmodell der Mikroökonomie helfen einem bei der Suche nach praxistauglichen Verbraucherschutzkonzeptionen mithin nicht weiter. Das gilt im Ergebnis auch für das deutsche Privatrecht, welches auch nach der Schuldrechtsreform von 2002 immer noch von einem „vertragspunktbezogenem Denken" geprägt ist, den „Prozesscharakter" des Vertragsabschlusses also weiterhin im Regelfall negiert, wie ein Blick auf die Regelungssystematik der §§ 145 ff. BGB belegt. Nach der hier vertretenen Auffassung ist der Vertragsabschluss beim Verbrauchsgüterkauf und ähnlichen Rechtsgeschäften wie folgt in *drei Zeitphasen* aufteilbar, wobei eine exakte Zuordnung in der Praxis nicht immer möglich sein wird:

Vertragsanbahnung (Phase 1): Bereits *ex-ante* realisieren sich für den Konsumenten vorvertragliche Informationsrisiken, da ihm oft die vollständige Markttransparenz hinsichtlich des Angebots fehlt. Diese Lücke wird durch „subjektive" Preis- und Qualitätsinformationen geschlossen, welche allerdings vorrangig aus der Sphäre der Anbieterseite stammen. Unter Zugrundelegung jeweiliger Gewinnmaximierungs- und Nutzenmaximierungsgesichtspunkte kann das problematisch werden. Gerade in Phase 1 spielen also die sog. *„hidden Information"* eine zentrale Rolle. Gefahren drohen hier dem Verbraucher durch werbepsychologisch angelegte vertragsanbahnende Marketingmaßnahmen, mit denen die Anbieterseite den Versuch unternimmt, den selten absolut rational handelnden Verbraucher gewissermaßen „zum Vertragsabschluss zu bestimmen". Aus informationsökonomischer Sicht kommt es letztlich dann, wenn die vorvertragliche Informationsasymmetrie den Preis und die Qualität des Angebots betreffend nicht behoben werden kann, zumindest zu einem *partiellen, zeitbezogenen Marktversagen.* Nun kann sich *„der Markt für Zitronen"* bestens entfalten[179].

---

me aus verbraucherpolitischer Sicht, in: Huck (Hrsg.), Europäisches und chinesisches Verbraucherschutzrecht im Fokus, Hamburg 2011, 95(99-115).

179 Unter Bezugnahme auf Akerlof siehe Schäfer/Ott, Lehrbuch der ökonomischen Analyse des Zivilrechts, 4. Auflage, Berlin; Heidelberg; New York 2005, S. 515 sowie Erlei/Leschke/Sauerland, Neue Institutionenökonomik, 2. Auflage, Stuttgart 2007, S. 149f.

Eine Sondersituation ergibt sich für den Verbraucher bei *Kontraktgütern*, wofür exemplarisch auf die Inanspruchnahme von Finanzinstituten nebst deren Dienstleistungen verwiesen wird. Am Beispiel der *Anlageberatung* lässt sich das im Hinblick auf die erweiterte Zergliederung der Vertragsanbahnungsebene wie folgt darstellen. Nach Ansicht des finanzwirtschaftlichen Schrifttums muss Phase 1 nochmals in die *Befragungs-, Aufklärungs- und Empfehlungsphase* hin unterteilt werden[180]. Mit folgenden Problemen ist nach *Kohlert/Oehler*[181] je Phase im Einzelnen zu rechnen: Während der *Befragungsphase* kann durch entsprechende Fragetechniken das Antwortverhalten des Beratenden mit gesteuert werden. Zudem beeinflusst die Reihenfolge der bereit gestellten Anlageinformationen den Verbraucher. Die zu Beginn und zum Ende hin seitens des Beraters dem Beratenden gegenüber präsentierten Informationen sind für Letztgenannten und dessen Vertragseingehungsentscheidung besonders bestimmend. Das ist vor allem deshalb von erheblichem Gewicht, weil in vielen Fällen die Verbraucher noch keine konkreten Vorstellungen darüber haben, wo und in welchem Umfang sie ihr Vermögen anlegen möchten. Ein typisches Problem der *Aufklärungsphase* stellt des Weiteren die *Informationsüberlastung des Verbrauchers* durch Werbung dar, wenn dieser vom Berater mit Detailwissen zum Anlageobjekt konfrontiert wird. Hier besteht die Gefahr, dass aus „Informationsentlastungsgründen"[182] heraus entweder der Verbraucher anhand einfacher Heuristiken, also mittels sog. „Daumenregeln der Praxis", sich orientiert oder leichtgläubig sofort den Empfehlungen des Anlageberaters folgt. Während der Empfehlungsphase setzt sich das beobachtete begrenzt rationale Verhalten des Verbrauchers, hier in seiner Eigenschaft als Anlageinteressent, dann fort. Besteht zwischen dem Berater und dem Verbraucher *hohe Informationsasymmetrie*, dann spielt für den Verbraucher vor allem die *Glaubwürdigkeit des Beraters* bei der Vertragseingehungsentscheidung eine wesentliche Rolle. Das wiederum belegt, weshalb die Ansicht zutrifft, dass bei hoher Informationsasymmetrie zu Lasten der Nachfrageseite diese als besonders schutzbedürftig anzusehen ist[183].

---

180 Kohlert/Oehler, Scheitern Finanzdienstleistungen am Verbraucher? Eine theoretische Analyse rationalen Verbraucherverhaltens im Rahmen des Anlageberatungsprozesses, Vierteljahreshefte zur Wirtschaftsforschung (DIW), Berlin 2009, 81(83).

181 Kohlert/Oehler, Scheitern Finanzdienstleistungen am Verbraucher? Eine theoretische Analyse rationalen Verbraucherverhaltens im Rahmen des Anlageberatungsprozesses, Vierteljahreshefte zur Wirtschaftsforschung (DIW), Berlin 2009, 81(85-91).

182 Unter Opportunitätskostenüberlegungen heraus ist dies nachvollziehbar. Bedeutet doch möglicherweise ein Weniger an produktbezogener Informationsverarbeitung für den Beratenden ein Mehr an Freizeit oder ähnlichem.

183 Ahlheim/Zahn, Versagt die Verbraucherpolitik? Versuch einer Antwort aus wohlfahrtsökonomischer Sicht, Wirtschaftsdienst 2011, 155(158).

Vertragsdurchführung (Phase 2): Auch *ex-interim* erschweren weitere Gestaltungsasymmetrien die Zusammenarbeit der Vertragsparteien. In verbraucherrechtlicher Hinsicht geht es jetzt zumeist um Fragen der Leistungsstörung beziehungsweise bei Dienstleistungsbezug um das Vermeiden sog. „Delegationsrisiken". Kommt es in Phase 2 zu Schwierigkeiten, dürfte das oft an *Moral Hazard* und / oder *Hold up* Verhaltensweisen einer Vertragspartei liegen[184].

Vertragsabbruch / Vertragsende (Phase 3): Auf der *ex-post* Ebene sind es sog. „Betroffenheitsasymmetrien", mit deren Eintritt durchaus gerechnet werden kann. Dabei geht es aus der Sicht des Verbrauchers beispielsweise um die Frage der Bewertung der Anbieterleistung im nach hinein. Auch dieses Thema ist in vielen Fällen für den Verbraucher nur bedingt verifizierbar und kontrollierbar.

2 Abbau informeller Ungleichgewichtslagen zu Gunsten der Kreditnehmer im Sinne der Neuen Institutionenökonomik in Theorie und Praxis

Dies führt einen zur kritischen Würdigung der von den Vertretern der Neuen Institutionenökonomik angebotenen Lösungsvorschläge, soweit diese sich auf den (partiellen) Abbau von informellen Ungleichgewichtslagen beziehen.

1. Kritikpunkt: Überbetonung des kognitiven Aspektes von Angebotsinformationen innerhalb der Lösungsansätze der Neuen Institutionenökonomik

Auf die „Selbstheilungskräfte" der Teilmärkte aufbauend werden seitens der Neuen Institutionenökonomik vertragsphasenbezogen folgende Maßnahmen empfohlen: (1) *Signalling* und/oder *Screening*, (2) *anreizkompatible Verträge* sowie (3) *präventive Eingriffe*. In *Phase 1* gilt es wegen des Vorhandenseins von „hidden Information" die sog. „hidden Characteristics" aufzudecken, um so den Gefahren einer „adverse Selection" entgegenzuwirken. Die insoweit vom besser

184 Zum Begriff des Hold Up als sog. „Ausbeutungsproblem" siehe Erlei/Leschke/Sauerland, Neue Institutionenökonomik, 2. Auflage, Stuttgart 2007, S. 206f. Hold Up kann als Verhaltensweise auch in Phase 1 auftauchen, wenn es um unvollständige Verträge geht, wie Oehler zutreffend anmerkt; siehe Oehler, Zur ganzheitlichen Konzeption des Verbraucherschutzes – eine ökonomische Perspektive, VuR 2006, 294(297).

informierten Agenten (Anbieterseite) an die Konsumenten (Nachfragerseite) gerichteten *Signale* taugen nur dann als Problemlösungsansatz, wenn diese glaubhaft sind. Umgekehrt müssten beim *Screening* die Konsumenten aktiv werden, was im Hinblick auf die vorliegende Thematik vom Ansatz her bereits kaum realisierbar erscheint. Zudem setzen die mit dem Screening operierenden Schutzmaßnahmen auf die *Erreichbarkeit* und die entsprechende *Verarbeitungsfähigkeit* der anbieterseitig den Verbrauchern zur Verfügung gestellten Preis- und Produktinformationen. Ob ein in der Praxis eher nur begrenzt rational handelnder Verbraucher beziehungsweise Kreditnehmer den Anforderungen gerecht wird, die das Screeningkonzept an ihn stellt, muss in Anbetracht des in der Praxis zu beobachtenden privaten Nachfrageverhaltens sowohl beim Konsumgüter- als auch beim Finanzdienstleistungssektor eher bezweifelt werden[185]. In den *Phasen 2 und 3* geht es bei den Lösungsvorschlägen vorrangig um *anreizkompatible* und *präventive Maßnahmen.* Dabei gewinnt die an Effizienzgesichtspunkten gemessene „richtige Art der Vertragsgestaltung" an Bedeutung. Im Ergebnis hängt hier vieles von der *jeweiligen Verhandlungsmacht* der Vertragspartner ab. Die Phasen 2 und 3 betreffen größtenteils die bereits genannten *Prinzipal-Agent Beziehungen.* Die diesbezüglich von der Neuen Institutionenökonomik offerierten Lösungsansätze tangieren primär den sog. B2B-Bereich. Sie sind damit in verbraucherpolitischer Hinsicht weniger von Interesse. Wegen der in der Untersuchung erfolgten Gleichsetzung der Verbraucher mit dem Personenkreis der privaten Kreditnehmer können jene eben skizzierten Lösungsansätze der Neuen Institutionenökonomik wenig zur Verbesserung des Schutzes des privaten Kreditnehmers beitragen. Für die kommerzielle Kreditnachfrage mag hier durchaus etwas anderes gelten.

2. Kritikpunkt: Vernachlässigung der Informationskosten bei vorhandener Preis- und Qualitätsunsicherheit seitens der Konsumenten

Im Wirtschaftsalltag liegt bei den Konsumenten im Regelfall eine gewisse „Preis- und Produktqualitätsunsicherheit" vor. Für den Finanzdienstleistungs-

185 Siehe Berens, Fremdbestimmung des Konsumenten bei Vertragsanbahnung insbesondere durch Irreführung - Zivilrechtswissenschaftliche und marketingwissenschaftliche Analysen und Schutzbehelfe, Frankfurt am Main; Berlin; Bern; New York; Paris; Wien 1998, S. 132-135. Vielmehr spielen gerade nichtkognitive Motivationsstrukturen beim Verbrauchsgüterkauf eine enorme Rolle, was insbesondere Hain/Kenning/Lehmann-Waffenschmidt anhand neurowissenschaftlicher Erkenntnisse bestätigen können; vgl. Hain/Kenning/Lehmann-Waffenschmidt, Neuroökonomie und Neuromarketing, WiSt 2007, 501(504f.).

sektor und dessen Angebote gilt das zu Lasten der Nachfragenden im besonderen Maße. Die Vertragseingehung mit dem „richtigen" Kreditanbieter wird damit für die sich nutzenmaximierend verhaltenden privaten Kreditnachfrager zum Suchprozess[186]. Bei der ex-ante Abschätzung des angebotsbezogenen Preis-Leistungsverhältnisses tauchen neben der auf Verbraucherseite nur bedingt vorhandenen Preiskenntnis zudem weitere Probleme dadurch auf, dass sich die *Produktqualität*[187] oft aus einer Vielzahl von Produkteigenschaften zusammensetzt, die dem Verbraucher vorvertraglich, also in Phase 1, nicht bekannt sind. Wenn etwas nachgefragt (gekauft) wird, dann ist das gewissermaßen wie der Erwerb „einer Katze im Sack". In Anlehnung an *Nelson, Darby* und *Karni* empfiehlt es sich aus Analysegründen bei den relevanten Konsumgüter und Dienstleistungen eine Differenzierung vorzunehmen, wobei diese hier in *vier Kategorien* erfolgen soll[188], auch wenn innerhalb des informationsökonomischen Ansatzes bisweilen nur eine Dreiteilung erfolgt, weil auf eine separate Behandlung der Kontraktgüter aus Vereinfachungsgründen verzichtet wird[189]. Die Möglichkeiten der Qualitätsbeurteilung und damit auch die einer ansatzweisen Erfassung des Preis-Leistungsverhältnisses lassen sich demnach dadurch verbessern, indem man die Güter strukturiert und in die folgenden *komplementären vier Kategorien* aufteilt:

Suchgüter (search goods);
Erfahrungsgüter (experience goods);
Glaubensgüter (credence goods);
Kontraktgüter (contract goods).

Güter und Dienstleistungen, hier verstanden als sog. „Transaktionsobjekte", setzen sich aus einer Kombination der genannten vier Eigenschaftskategorien zusammen. Die Höhe des Anteils der einzelnen Kategorie am potentiellen Ver-

---

186 Vgl. hierzu Schäfer/Ott, Lehrbuch der ökonomischen Analyse des Zivilrechts, 4. Auflage, Berlin; Heidelberg; New York 2005, S. 503.

187 Zur Frage der Produktqualitätsunsicherheit siehe die Ausführungen bei Erlei/Leschke/Sauerland, Neue Institutionenökonomik, 2. Auflage, Stuttgart 2007, S. 99-101.

188 Stellvertretend wird auf die Ausführungen von Nelson Bezug genommen: Nelson, Advertising as Information, Journal of Political Economy, Bd. 82 (1974), S. 729ff. Ebenso Schäfer/Ott, Lehrbuch der ökonomischen Analyse des Zivilrechts, 4. Auflage, Berlin; Heidelberg; New York 2005, S. 503f.; Oehler, Zur ganzheitlichen Konzeption des Verbraucherschutzes – eine ökonomische Perspektive, VuR 2006, 294(298).

189 Siehe Adler, der im Ergebnis die Kontraktgüter zu den Glaubensgütern rechnet; vgl. Adler, Eine informationsökonomische Perspektive des Kaufverhaltens, WiSt 1998, 341(342).

tragsgegenstand kann demgegenüber nur schwer berechnet werden. Tatsächlich dürfte es hier oft zu Überschneidungen zwischen den jeweiligen Eigenschaftskategorien kommen. Nur mittels einer schwerpunktorientierten Betrachtungsweise lässt sich dann eine Aussage dahingehend treffen, dass im konkreten Einzelfall ein sog. „Suchkauf“ oder „Erfahrungskauf“ etc. vorliegt[190].

Ad 1) Der Konsument kann beim Erwerb von *Suchgütern* die Qualitätsunsicherheit ex-ante reduzieren, indem er in Phase 1 verstärkt Produktinformationen einholt und auswertet und so zu einer ersten subjektiven Angebotsbewertung gelangt. Stammen die hierbei verwandten Daten vorrangig vom Anbieter, muss der Verbraucher dessen Produktangaben im Vorfeld vertrauen. Die Produktinformationskosten des Konsumenten sind mithin eher hoch. Die *tatsächliche Qualität* wird erst in Phase 2 offenkundig, wenn der Konsument das erworbene Gut oder die Dienstleistung ausprobiert beziehungsweise in Anspruch genommen hat.
Beispiel: Gemeint sind verpackte Lebensmittel und andere in Phase 1 vom Verbraucher *vor* Vertragsabschluss *nicht testfähigen* Produkte und Dienstleistungen.

Ad 2) Bei *Erfahrungsgütern* besitzt der Verbraucher in Phase 1 allenfalls „Qualitätsvermutungen“. Das Ergebnis von Gestaltungsasymmetrien, wie beispielsweise *adverse Selection* oder *Hold up*, bemerkt der Verbraucher erst ex-post, also in Phase 2. Die Opportunitätskosten sind deshalb höher als bei Suchgütern, bei denen der Konsument zumindest auf anbieterseitig herausgegebene, produktbezogene Qualitätsinformationen zurück greifen konnte. Beim zweiten Gütertypus vertraut der Verbraucher zumeist darauf, dass der Anbieter die Qualität nicht zwischenzeitlich abgesenkt hat. Jenes der Anbieterseite bei Erfahrungsgütern entgegengebrachte Verbrauchervertrauen ersetzt damit (teilweise) den bei Suchgütern eher hohen Informationsaufwand, den der Verbraucher, würde er sich rational verhalten, aber in Kauf nehmen müsste.
Beispiel: Hier geht es um den Kauf von Produkten, die bereits in der Vergangenheit angeschafft worden sind, sich also aus der Sicht der Nachfrager „bewährt“ haben. Deshalb empfiehlt es sich für den Anbieter ein sog. „Markenbewusstsein“ beim Verbraucher aufzubauen. Dies führt zu Käufen auf der Basis *habitualisierten Konsumverhaltens*.

190 Eisend, Zweiseitige Botschaften in der Marketingkommunikation – Ein Überblick und Ausblick zu Theorie und Forschung, ZfB 2008, 307(312). Vgl. ferner Adler, Eine informationsökonomische Perspektive des Kaufverhaltens, WiSt 1998, 341(342).

Ad 3) Im Gegensatz zu den Such- und Erfahrungsgütern kann der Verbraucher bei der Anschaffung von *Glaubensgütern* (*Vertrauensgütern*) deren Qualität selbst in Phase 2 und Phase 3 der Vertragsbeziehung nicht vollständig beurteilen. Einerseits fehlt den Konsumenten zumeist das zur Qualitätseinschätzung benötigte Wissen, andererseits verhindert die Variable „Zufall" eine 100% genaue Beurteilung[191].
Beispiel: Ein erkrankter Patient wird nach einer ärztlichen Behandlung wieder gesund. Das kann an der ärztlichen Beratungskunst gelegen haben, die Besserung hätte aber auch zufallsbedingt eintreten können, also durch „Abwarten und Nichtstun".

Okun formuliert das so: Der „sichtbare" Vertrag ist durch das in der Sache benötigte gesteigerte Vertrauen, wie beispielsweise „der Glaube an die Leistungsfähigkeit des Vertragspartners", mit einem *„unsichtbaren Händedruck"*[192] verbunden. Das Vertrauen beziehungsweise der Glaube an die Existenz bestimmter Produkteigenschaften oder Anbietereigenschaften stellt ein Informationssubstitut dar, dessen sich der schlechter Informierte zwecks Risikoreduzierung bedient[193].

Auf Vertrauen aufbauende Wirtschaftsbeziehungen dienen letztlich dazu, Informationsprobleme zu lösen und Informationskosten zu senken. Das gelingt im Ergebnis jedoch nur dann, wenn sowohl vor (ex-ante) als auch während und nach der Vertragslaufzeit (ex-post) zumindest ein Vertragspartner sich nicht opportunistisch verhält, indem er seinen Informationsvorsprung ausnutzt. Mit Opportunismus ist bedauerlicherweise jedoch vor allem dort zu rechnen, wo Vertragspartner sich im Rahmen der Vertragsdurchführung und Vertragsabwicklung nicht kooperativ verhalten müssen. Wenn es gelingen sollte unerkannt zu bleiben, besteht eine erhebliche Gefahr, dass die opportunistisch agierende Partei versuchen wird, anstelle der „Vertrauensprämie" lieber eine „Opportunismus-

---

191 Siehe hierzu die Beispiele bei Schäfer/Ott, Lehrbuch der ökonomischen Analyse des Zivilrechts, 4. Auflage, Berlin; Heidelberg; New York 2005, S. 504. Strünck verweist im Hinblick auf jene Vertrauensgüter (Glaubensgüter) auf den medizinischen Bereich; siehe Strünck, Die Verbraucherpolitik braucht Pragmatismus statt wirklichkeitsferner Leitbilder, Wirtschaftsdienst 2011, 165(167).

192 Der Begriff geht zurück auf Okun, Prices and Quantities, A Macroeconomic Analysis (1981), S. 122ff., hier zitiert nach Schäfer/Ott, Lehrbuch der ökonomischen Analyse des Zivilrechts, 4. Auflage, Berlin; Heidelberg; New York 2005, S. 510.

193 Adler, Eine informationsökonomische Perspektive des Kaufverhaltens, WiSt 1998, 341(343).

prämie“ zu kassieren. *Schäfer/Ott*[194] vertreten deshalb die nachvollziehbare Ansicht, jene Gefahr drohe insbesondere dann bei beruflichen Leistungen, wenn die Abnehmerseite zeitnah kaum zu einer Qualitätsüberprüfung besagter Leistungen fachlich fähig ist.

Ad 4) Gerade im *(Finanz-)Dienstleistungsbereich,* der hier im Focus der Untersuchung steht, haben es die Konsumenten zumeist mit *Glaubensgütern* zu tun. Ähnlich wie beim eben genannten Beispiel ist dort oft der Zeitfaktor von erheblicher Bedeutung, weil zwischen der Leistung und der Gegenleistung zumeist ein längerer Zeitraum liegt. Deshalb stehen jetzt nicht der Güteraustausch, sondern die Abgabe und das Einhalten von *Leistungsversprechen* im Vordergrund. Hinzu kommt nunmehr, dass Leistung und Gegenleistung in *zeitlicher Hinsicht sehr weit auseinander liegen*[195]. Im Gegensatz zu Austauschgütern spricht man hier von *Kontraktgütern*[196]. Doch erweist sich die Eindämmung der *Gefahr opportunistischen Verhaltens* bei den *Glaubensgütern* im Allgemeinen und den *Kontraktgütern* im Besonderen als äußerst schwierig[197].

Beispiel: Im Hinblick auf den Faktormarkt *„Arbeit“*, auf dem im Regelfall Dienstleistungen angeboten und nachgefragt werden, geht es um das Kontraktgut „Arbeit“. Die insoweit eingegangenen Arbeitsverträge bilden nach Auffassung von *Okun*[198] die Realität nur unzureichend ab. Die in der wirtschaftsrechtlichen Analyse unterstellten Lohn-Arbeitsleistungsbeziehungen haben primär einen sog. ex-ante bezogenen „Versprechensgehalt“. Gehandelt werden *unsichtbare Karriereversprechen* (Lohn) gegen *unsichtbare Leistungsbereitschaftsversprechen* (Arbeit). Auf der Basis opportunistischen Verhaltens kann ein Bruch

194 Demnach erscheint berufliches Spezialwissen den Anbieter besonders leicht zu befähigen, die „Opportunismusprämie“ anzuvisieren, sich also gerade nicht kooperativ zu verhalten; vgl. Schäfer/Ott, Lehrbuch der ökonomischen Analyse des Zivilrechts, 4. Auflage, Berlin; Heidelberg; New York 2005, S. 511.

195 Oehler nimmt das zum Anlass, nochmals zwischen Glaubens- und Kontraktgütern zu differenzieren, was im Einzelnen schwierig werden kann; vgl. Oehler, Zur ganzheitlichen Konzeption des Verbraucherschutzes – eine ökonomische Perspektive, VuR 2006, 294(298).

196 Oehler, Zur ganzheitlichen Konzeption des Verbraucherschutzes – eine ökonomische Perspektive, VuR 2006, 294(298).

197 Zur Thematik vgl. Schäfer/Ott, Lehrbuch der ökonomischen Analyse des Zivilrechts, 4. Auflage, Berlin; Heidelberg; New York 2005, S. 509f.

198 Okun, Prices and Quantities, A Macroeconomic Analysis (1981), S. 122f. – zitiert nach Schäfer/Ott, Lehrbuch der ökonomischen Analyse des Zivilrechts, 4. Auflage, Berlin; Heidelberg; New York 2005.

jenes unsichtbaren Vertrages dabei von jeder Vertragsseite aus erfolgen. Soll ein Vertragsbruch nicht ohne Sanktionen möglich sein, bedarf es zwecks Nachmodellierung des Arbeitsvertrages gesetzlicher Schutzrechte, was strenggenommen für beide Vertragsparteien gelten muss.

Der Arbeitsmarkt als sog. „Markt für Kontraktgüter" ist deshalb immer mehr in den Focus praktischer und politischer Entscheidungsprozesse gerückt. Das Ergebnis ist eine eher zunehmende Verrechtlichung des Arbeitsmarktes in Richtung einer Sonderprivatrechtsausweitung bei gleichzeitig einsetzender sozialpolitisch motivierter „Regulierungsfreude".

Als *Zwischenergebnis* ist zu notieren:

1. Informationsasymmetrien lassen sich anhand vorvertraglicher Aufklärungs-, Beratungs- und Informationspflichten insbesondere dann kaum abbauen, wenn es sich bei den vertraglich geschuldeten Leistungen um *Glaubensgüter* oder um *Kontraktgüter* handelt[199]. In beiden Fällen kann von der Abnehmerseite her häufig sogar noch nach Vertragsende die Qualität des Angebots und damit auch der Grad der Preis-Leistungsfähigkeit des Anbieters nur sehr einschränkend beurteilt werden. Für die Kreditbeziehung zwischen den Banken und ihren Kunden gilt das in Anbetracht der inhaltlichen Schwierigkeit der Materie erst Recht. Deshalb wird angemahnt, die Finanzberatung der Verbraucher müsse verstärkter als bisher durch die Verbraucherzentralen erfolgen[200].

2. K*ognitionen*, hier verstanden als sog. „subjektiv ausgerichtetes Wissen"[201], gewinnen in der Praxis zunehmend an Bedeutung. Es geht bei diesen beispielsweise um Angebotsmerkmale, mit deren Hilfe der Nachfragende die Ausgestaltung der Kreditvergabebedingungen der Finanzinstitute im Allgemeinen beziehungsweise deren Vertriebsstrategien im Besonderen subjektiv wahrnimmt[202].

---

199 Stellvertretend Strünck, Die Verbraucherpolitik braucht Pragmatismus statt wirklichkeitsferner Leitbilder, Wirtschaftsdienst 2011, 165(165).

200 Stellvertretend hierzu Kohlert/Oehler, Scheitern Finanzdienstleistungen am Verbraucher? Eine theoretische Analyse rationalen Verbraucherverhaltens im Rahmen des Anlageberatungsprozesses, Vierteljahreshefte zur Wirtschaftsforschung (DIW), Berlin 2009, 81(92).

201 Berens, Fremdbestimmung des Konsumenten bei Vertragsanbahnung insbesondere durch Irreführung - Zivilrechtswissenschaftliche und marketingwissenschaftliche Analysen und Schutzbehelfe, Frankfurt am Main; Berlin; Bern; New York; Paris; Wien 1998, S. 95.

202 Adler, Eine informationsökonomische Perspektive des Kaufverhaltens, WiSt 1998, 341(343).

Insoweit handelt es sich um „interpretierte Informationen“. Diese Vorgehensweise der Verbraucher bietet der Kreditanbieterseite einen „idealen Nährboden“, wenn es darum geht, die Vertragseingehungsentscheidung der Nachfrageseite entsprechend zu beeinflussen. Den auf bessere Informiertheit der Verbraucher setzenden Verbraucherstrategien dürften also vorrangig nur bei *Suchgütern* Erfolg beschieden sein[203]. Die für die Verbraucherpolitik abgegebene, traditionelle ökonomische Empfehlung, „es gebe ein Lernen anhand von Erfahrungswerten“, stößt hier an ihre Grenzen[204]. Umgemünzt auf das durch die Finanzmarktkrise auf die Probe gestellte Beziehungsgeflecht „Bank - privater Kreditnehmer“ ist das eine sehr ernüchternde Erkenntnis.

3. Im Hinblick auf das gewählte Untersuchungsthema geht es vor allem um zu Lasten der Kreditnehmer bestehende vorvertragliche Informationsasymmetrien. Insbesondere gilt das für den Verbraucherkreditvertrag und das in diesem Zusammenhang von den privaten Nachfragern wahrgenommene Preis-Leistungsverhältnis. Eng verbunden ist hiermit die vorvertragliche Willensbeeinflussung der Konsumenten durch die Anbieterseite. *Posner* bezeichnet das als „positive Falschinformation bei Konsumententransaktionen“[205], welches insbesondere durch das Phänomen der „hidden Intention“ (verborgenes Wissen) begünstigt wird. Damit droht privaten Kreditnehmern letztlich die Gefahr einer *adverse Selection* auf den jeweils betroffenen Teilmärkten. Die insoweit zwecks Problemlösung vorgeschlagenen Maßnahmen reduzieren sich im Verbraucheralltag im Wesentlichen auf das *Signaling*. Dabei hängt die Effizienz der von der Anbieterseite ausgehenden und an die Konsumenten zu richtenden „Vertrauenssignale“ eng mit deren Glaubhaftigkeit zusammen. Zu erinnern ist hier bei-

---

203 Zur Kritik im Allgemeinen vgl. Berens, Preismanagementstrategien im B2C-Bereich in Deutschland und Konsumverhalten – der Versuch einer kritischen Bestandsaufnahme aus verbraucherpolitischer Sicht, in: Huck (Hrsg.), Europäisches und chinesisches Verbraucherschutzrecht im Fokus, Hamburg 2011, 95(116f.). Im Ergebnis ähnlich Oehler, Zur ganzheitlichen Konzeption des Verbraucherschutzes – eine ökonomische Perspektive, VuR 2006, 294(298).

204 Sehr kritisch diesbezüglich Kroeber-Riel/Weinberg/Gröppel-Klein, Konsumentenverhalten, 9. Auflage, München 2008, S. 690-694.

205 Verantwortlich macht Posner für den von ihm benannten Sektor „Arglist beim Konsumentenkauf“ die Tatsache, dass es für die Anbieter durchaus lohnenswert ist, mit Hilfe von falschen Angebotsangaben um Kunden zu werben. Der hierbei entstandene soziale Schaden mache ein rechtliches Einschreiten erforderlich, weil vorvertragliche Schutzbehelfe (Marktbehelfe), wie das Informieren, Beraten und Aufklären der Konsumenten allein nicht ausreiche. Siehe im Einzelnen Posner, Vertragliche Rechtspositionen und Rechtsbehelfe, in: Assmann/Kirchner/Schanze (Hrsg.), Ökonomische Analyse des Rechts, Tübingen 1993, 184(202).

spielsweise an „Gütesiegel“, „Stiftung Warentestergebnisse“ etc. Stammen besagte Auszeichnungen nicht von einer „neutralen Stelle“, so droht auch beim Signaling den Verbrauchern die Gefahr, dass die Anbieter jenes Instrument „zur Werbung in eigener Sache“ einsetzen könnten. Gegen diesen ex-ante Opportunismus scheinen dann den privaten Kreditnehmern allein noch die Normen des *Bank- und Kapitalmarktrechts* beziehungsweise die des *Zivilrechts* helfen zu können, indem dort zu Lasten der Anbieterseite vorvertragliche Mindestverhaltensstandards statuiert werden, womit typischerweise verbraucherschützende Aufklärungs-, Beratungs- und Informationsrechte bei Vertragsabschluss gemeint sind.

4. Anstelle des Einholens angebotsspezifischer Güterinformationen bevorzugt der Konsument aus Informationsentlastungsgründen bei seiner Entscheidungsfindung die von ihm bereits vorbewerteten *„Schlüsselinformationen“*. Hierzu zählen beispielsweise der Preis, das Image, die Qualität, das Design, der Service etc. Für jene Verkürzungen ist das menschliche Gehirn verantwortlich, welches eben nur über eine begrenzte Speicherfähigkeit verfügt. Auch das Nachfrageverhalten, egal ob im Konsumgüter- oder Dienstleistungsbereich, kann mithin nur einschränkend rational gesteuert sein[206]. Dem tragen die aus der Neuen Institutionenökonomik stammenden zur Behebung von Informationsasymmetrien vorgeschlagenen Lösungsansätze nur bedingt Rechnung. Dies liegt auch daran, dass jenen Vorschlägen in theoretischer Hinsicht die heuristische Fiktion des *Homo oeconomicus* häufig zugrunde liegt. Damit wird insbesondere das Handeln von Kollektiven aus dem Verhalten einzelner Wirtschaftssubjekte hergeleitet, was auch als sog. „methodologischer Individualismus“[207] bezeichnet wird. So haben entgegen den jeweils von der *Neoklassik* und von der *Neuen Institutionenökonomik* geprägten Empfehlungen gerade Werbestimuli im Konsumgüter- und Dienstleistungsmarketing dann die besten Chancen von den Verbrauchern wahrgenommen, aufgenommen, verarbeitet und behalten zu werden, wenn deren Aufnahme bis hin zur Verarbeitung die Verbraucher am wenigstens kognitiv belastet. Rein textorientierte und damit kognitiv anspruchsvolle Werbestimuli befinden sich nicht von ungefähr in der Marketingpraxis auf dem Rückzug[208].

206 Zu den potentiellen Preisbeurteilungstechniken, mit denen sich die Konsumenten im Alltag weiterhelfen, wird auf Berens verweisen; vgl. Berens, Preismanagementstrategien im B2C-Bereich in Deutschland und Konsumverhalten – der Versuch einer kritischen Bestandsaufnahme aus verbraucherpolitischer Sicht, in: Huck (Hrsg.), Europäisches und chinesisches Verbraucherschutzrecht im Fokus, Hamburg 2011, 95(105-112).

207 Erlei/Leschke/Sauerland Neue Institutionenökonomik, 2. Auflage, Stuttgart 2007, S. 50.

208 Zur Argumentation im Einzelnen siehe Berens, Fremdbestimmung des Konsumenten bei Vertragsanbahnung insbesondere durch Irreführung – Zivilrechtswissenschaftliche

Demgegenüber hat die Praxisrelevanz nichtkognitiver Vertragseingehungsmotive erheblich zugenommen[209]. Das heißt, verbraucherpolitische Empfehlungen und Lösungsvorschläge können nur dann (halbwegs) effizient sein, wenn sie sich am realen Konsumentenverhalten ausrichten. Letzteres nehmen die verhaltenswissenschaftlich und somit interdisziplinär ausgerichteten Konsumforschungsansätze für sich in Anspruch. Im Hinblick auf das Thema der vorliegenden Ausarbeitung wird man ein tragfähiges Ergebnis am ehesten noch dann erzielen, wenn man neben den Erkenntnissen, welche die *Neue Institutionenökonomik* anbietet, zudem noch diejenigen Empfehlungen mit einbezieht, welche die Ansätze der *Behavioral Economics* zum *preisbestimmten Verbraucherverhalten* hervorbringen[210]. Wegen des hier zu konstatierenden Marktversagens, was den Schutz des privaten Kreditnehmers in Zeiten der Finanzkrise anbelangt, bleibt in Ergänzung zu den dargestellten primär ökonomisch orientierten Lösungsansätzen nur *„der Ruf nach dem Gesetzgeber"*. Ob und inwieweit besagter Aufruf von Erfolg gekrönt gewesen ist, soll im nächsten Abschnitt der Untersuchung herausgearbeitet werden.

---

und marketingwissenschaftliche Analysen und Schutzbehelfe, Frankfurt am Main; Berlin; Bern; New York; Paris; Wien 1998, S. 138, dort Argument 13.

209 Zu dem in diesem Zusammenhang existierenden Stand neuroökonomischer Erklärungsansätze wird auf Hain/Kenning/Lehmann-Waffenschmidt, Neuroökonomie und Neuromarketing, WiSt 2007, 501(503ff.), verwiesen.

210 Ebenso Trommsdorff, Konsumentenverhalten, 5. Auflage, Stuttgart 2003, 22f. Vgl. ferner Oehler, Zur ganzheitlichen Konzeption des Verbraucherschutzes – eine ökonomische Perspektive, VuR 2006, 294(298) und Kroeber-Riel/Weinberg/Gröppel-Klein, Konsumentenverhalten, 9. Auflage, München 2008, S. 693; Ahlheim/Zahn, Versagt die Verbraucherpolitik? Versuch einer Antwort aus wohlfahrtsökonomischer Sicht, Wirtschaftsdienst 2011, 155(159) sowie Strünck, Die Verbraucherpolitik braucht Pragmatismus statt wirklichkeitsferner Leitbilder, Wirtschaftsdienst 2011, 165(165).

4. Teil: Neuregelungen zur Kreditübertragung durch das Risikobegrenzungsgesetz von 2008 nebst den Modifizierungen durch das Gesetz zur Umsetzung der Verbraucherkreditrichtlinie von 2010 und dessen Folgen für die Verbraucher

Die Ausführungen des *zweiten* und *dritten Kapitels* haben das Ziel verfolgt, zum Verständnis des wirtschaftsrechtlichen und gesellschaftspolitischen Umfelds beizutragen, damit nachvollziehbarer wird, weshalb der Gesetzgeber von 2008 sich veranlasst gesehen hatte, die Problematik der Kreditverkäufe durch deutsche Banken aufzugreifen. Dabei tauchten dann neue Zweifelsfragen auf, denen an dieser Stelle nachzugehen ist.

1 Problemstellung

Zu jenen gesetzgeberischen Maßnahmen gehörte insbesondere die Verabschiedung des Risikobegrenzungsgesetzes mit den dort eingeführten Neuerungen, welche seit *19.08.2008* in Kraft getreten sind[211]. Mit diesen sollte auf dem Immobilienfinanzierungssektor ein Interessenausgleich zwischen den Kreditanbietern und Kreditnehmern hergestellt werden. Deshalb galt es die Rahmenbedingungen für Kapitalbeteiligungen entsprechend auszugestalten, um so die gesamtwirtschaftlich unerwünschten Aktivitäten von Finanzinvestoren, allen voran solchen aus dem Ausland[212], möglichst zu verhindern[213]. Bei der Zusammenstel-

211 Die wesentlichen Änderungen sind durch die Umsetzung des Art. 6 des Gesetzes zur Begrenzung der mit Finanzinvestitionen verbundenen Risiken (Risikobegrenzungsgesetz), datierend vom 12.08.2008, erfolgt; siehe BGBl. I 2008, S. 1666ff., dort insbesondere S.1669. Dabei betrafen die in Art. 7 bis 11 jenes Gesetzes anstehenden Reformen teils notleidende und teils auch nicht notleidende Kredite, wie Rohe darlegt; vgl. Rohe, Anmerkungen zur Reform des Rechts der Immobilienfinanzierung, in: Grundmann u. a. (Hrsg.), Festschrift für Eberhard Schwark zum 70. Geburtstag, Unternehmensrecht zu Beginn des 21. Jahrhunderts, München 2009, S. 612.

212 Bei den Investoren handelt es sich gesellschaftsrechtlich betrachtet zumeist um sog. Limited´s oder um GmbH´s mit geringer Eigenkapitalausstattung, weshalb potentielle Schadensersatzansprüche der Kreditnehmer bereits faktisch ins Leere laufen dürften, worauf beispielsweise Grziwotz, Risikogeschäft Grundschuld? Was Anwälte wissen sollten, AnwBl. 2008, 501(503), hinweist.

213 Zum Gesetzesentwurf der Bundesregierung vgl. BT-Drs. 16/7438, S. 8.

lung des zum Verkauf angebotenen Kreditportfolios wurden gesamte Schuldverhältnisse nebst den Verbindlichkeiten übertragen, was vorrangig Darlehensverträge gem. §§ 488 ff., 491 ff. BGB betroffen hatte. Um die Einholung der Zustimmung der Gläubiger zu umgehen, die wegen der Regelung des § 415 Abs. 1 S. 1 BGB eigentlich vonnöten gewesen war, wurde die Form der Ausgliederung zur Neugründung gem. § 123 Abs. 3 Nr. 2 UmwG[214] herangezogen. Anschließend wurden mit den Forderungen auch die Sicherheiten mit abgetreten. Das betraf jeweils das abstrakte Schuldanerkenntnis, die eingetragene Grundschuld sowie die doppelte Unterwerfung unter die sofortige Zwangsvollstreckung[215]. Der Gesetzgeber von 2008 sah sich daher veranlasst, bei Unternehmensübernahmen ein Mehr an Transparenz für Außenstehende rechtlich festzuschreiben. Das hatte dann zu Gesetzesänderungen beim Recht des Wertpapierhandels, beim Übernahmegesetz, beim Aktiengesetz sowie beim Betriebsverfassungsgesetz geführt. Diese Thematik wird hier nicht weiter verfolgt.

Außerdem war, und nur das interessiert des Weiteren, eine *Verbesserung des Schutzes des Darlehensnehmers bei Finanztransaktionen* beabsichtigt. Denn Investoren sind keine Kreditinstitute und unterliegen mithin nicht der Bankenaufsicht. Deren Interesse ist nicht vom Aufbau einer langfristigen Kundenbeziehung zum Kreditnehmer geprägt, sondern (auch) daran ausgerichtet, die erlangten Sicherheiten des Kreditnehmers möglichst schnell selbst zu Geld zu machen, um darüber wieder die Finanzpartner der Investoren zu befriedigen. So erklärt es sich, warum der Reformgesetzgeber von 2008 als *Schutzsubjekte Kredite nachfragende Verbraucher und kleinere Gewerbetreibende* auserkoren hatte. Insbesondere sollte diesbezüglich die rechtliche Stellung des Immobiliarkreditnehmers gegenüber dem Zessionar gestärkt werden. Von den „anderen Faktoren“[216] einmal abgesehen, trug die Kreditvergabe in den sog. „Schrottimmobilien-Fallkonstellationen“[217] dazu bei, dass ab dem Jahre 2003 bereits ein Markt für

---

214 Umwandlungsgesetz vom 28.10.1994, BGBl. I 1994, S. 3210, in der Fassung des Gesetzes vom 30.07.2009, BGBl. I 2009, S. 2479, geändert mit Wirkung zum 01.09.2009.

215 Sokolowski, Die Abtretbarkeit der Sicherungsgrundschuld nach der Neuregelung durch das Risikobegrenzungsgesetz, JR 2009, 309(309).

216 Gemeint ist damit insbesondere die wachsende Zahl an Unternehmensinsolvenzen in Deutschland. So betrug diese 1999 noch 26.620, wogegen 2004 schon über 39.000 Unternehmen Insolvenz anmelden mussten. Siehe hierzu Schalast, Veräußerung von Einzelforderungen (Single Names) und Portfolios notleidender Kredite – Markttrends und Entwicklungen, Zeitschrift für Bank- und Kapitalmarktrecht (BKR) 2006, 193(194), dort mit Verweis auf einen Artikel in der FAZ, datierend vom 27.12.2005, „40 Milliarden Euro Ausfall durch Insolvenzen“.

217 Vgl. Knops/Knobloch/Dübel/Reifner, Erwerb von Kreditforderungen durch Private Equity Unternehmen: Mögliche Gefahren für Verbraucher, Institut für Finanzdienstleis-

„Problemkredite" in Deutschland im Entstehen begriffen war. Zumindest vor dem Ausbruch der Finanzmarktkrise 2007 war der Handel mit Problemkrediten in Deutschland durch ausländische Investoren bestimmt und galt damals schon als in Schwung gekommen und etabliert[218]. Die damit einher gehende Thematik der Beziehung zwischen den Kreditaufkäufern und den Schuldnern (Kreditnehmern) entging nicht der Aufmerksamkeit der Medien und verpasste den am Aufkauf notleidender Kredite interessierten Investoren so „nette Bezeichnungen", wie „Heuschrecken" und „Geier", deren Ankunft in Deutschland von einigen Marktbeobachtern jedoch ebenso als positiv bewertet worden war[219]. So galt denn auch Deutschland in der Zeit von 2003 bis 2006 als der relevanteste Markt für Problemkredite (NPL) in Europa[220]. Die in den Medien dargestellten Begegnungen der deutschen Kreditnehmer, welche mit einem Darlehen eine Immobilie finanziert hatten, sorgten denn auch nicht ohne Grund für größeres Aufsehen. Zentraler Auslöser jener besorgniserregenden Entwicklung waren die unterschiedlichen Zielsetzungen von Kreditgebern einerseits und Finanzinvestoren andererseits. Letztere sind verständlicherweise in erster Linie darauf bedacht, durch die Abwicklung der Beziehungen Gewinne zu realisieren. Die dabei anvisierten Margen liegen wegen des Risikogehalts des Geschäftstyps weit über denen, welche das „normale Finanzierungsgeschäft" so bieten kann. Schließlich hatten die Finanzinvestoren Kredite mit einem Abschlag auf den Nennwert erworben, verbunden mit der Hoffnung, durch die Verwertung der Sicherheiten, den Weiterverkauf der Kredite oder durch Druckausübung auf den Kreditnehmer den Wert des angekauften Kreditpakets zu steigern.

Bei immobilienbesicherten Darlehen achteten die Erwerber in der Regel nur darauf, wie schnell die Sicherheiten verwertet werden können[221]. Im Fokus der

---

tungen e. V., Studie im Auftrag des Bundesverbandes der Verbraucherzentralen e. V. 2007, S. 7.

218 Schalast, Veräußerung von Einzelforderungen (Single Names) und Portfolios notleidender Kredite – Markttrends und Entwicklungen, Zeitschrift für Bank- und Kapitalmarktrecht (BKR) 2006, 193(195).

219 Stellvertretend für das Medienecho: O. V., Die Geier sind da – Banken verkaufen ihre notleidenden Kredite an spezialisierte Fonds – und die kennen kein Pardon mehr mit den Schuldnern, Die Zeit, Ausgabe Nr. 52/2004. Zur positiven Einschätzung jener Fonds Schalast, Veräußerung von Einzelforderungen (Single Names) und Portfolios notleidender Kredite – Markttrends und Entwicklungen, Zeitschrift für Bank- und Kapitalmarktrecht (BKR) 2006, 193(194).

220 Bales, Bisherige Rechtsunsicherheiten sind beseitigt. Aktuelle Rechtsfragen zum Verkauf notleidender Kredite, Betriebswirtschaftliche Blätter 2009, 223(223).

221 Derleder, Immobiliarkredit und kreditfinanzierte Fondsbeteiligungen, Kapitel II (§ 16), in: Derleder/Knops/Bamberger, Handbuch zum deutschen und europäischen Bankrecht, 2. Auflage, Berlin; Heidelberg 2009, S. 565, Rn. 48; Knops, Neuregelungen zum Kre-

öffentlich diskutierten Fälle stand deshalb die *Vollstreckung aus der mit abgetretenen Grundschuld durch den neuen Gläubiger der Kreditforderung.* Gerade die „zügige Einleitung" der Zwangsvollstreckungsmaßnahmen wurden den Investoren sowie den von diesen zum Forderungsmanagement eingeschalteten „Special Servicern" vorgeworfen. Und dies, obschon die Kreditnehmern zumeist ihren schuldrechtlichen Verpflichtungen nachgekommen waren. Sollte es ausnahmsweise Probleme mit den Kreditnehmern gegeben haben, dann hatten im Zweifel weder die die Kredite verkaufenden Banken noch deren Erwerber zuvor den Versuch unternommen, mit den Schuldnern eine vernünftige einvernehmliche Lösung zu finden. Bankenkreise wiesen diese Vorwürfe von sich und taten diese als „unglückliche Einzelfälle, welche nicht verallgemeinerungsfähig seien", ab[222]. Dennoch wird man wohl kaum ernsthaft behaupten wollen, dass die Anhörungen und Stellungsnahmen im Rahmen des Gesetzgebungsverfahrens zum Risikobegrenzungsgesetz sowie die im Auftrag des Verbandes der Verbraucherzentralen erstellte Studie des *Institutes für Finanzdienstleistungen (iff)*[223] lediglich ihre statistische Basis aus unseriösen Medienberichterstattungen bezogen hätten. Gerade die im Ausland noch wenig bekannte Kumulation von Sicherungsrechten in Deutschland, die als „geballte und auf sieben Stufen ausgebaute Vollstreckungsmacht der Banken"[224] bezeichnet werden kann, birgt genügend Missbrauchspotenzial beim Forderungserwerb durch professionelle Aufkäufer mit sich. Eine primär an hohen Renditen orientierte Geschäftspolitik der Neugläubiger hat unausweichlich drastische Qualitätseinbußen zur Folge, auch was die Beziehung zu den Schuldnern betrifft, und lässt die gegebenenfalls rechtlich bestehende Chance eines Zugriffs auf das Schuldnervermögen gewis-

---

dithandel durch das Risikobegrenzungsgesetz: Kein großer Wurf, VuR 2009, 286(287); Schimansky, Verkauf von Kreditforderungen und Unterwerfung unter die sofortige Zwangsvollstreckung, WM 2008, 1049(1050); Teigelack, Heuschrecken und Häuslebauer, Bucerius Law Journal 2008, 143(143).

222 Sokolowski, Die Abtretbarkeit der Sicherungsgrundschuld nach der Neuregelung durch das Risikobegrenzungsgesetz, JR 2009, 309(310); Schalast, Das Risikobegrenzungsgesetz – Konsequenzen für die Kreditvergabe und für Kredittransaktionen, BB 2008, 2190(2190); Bredow/Vogel, Kreditverkäufe in der Praxis – Missbrauchsfälle und aktuelle Reformansätze, BKR 2008, 271(277).

223 Vgl. Knops/Knobloch/Dübel/Reifner, Erwerb von Kreditforderungen durch Private Equity Unternehmen: Mögliche Gefahren für Verbraucher, Institut für Finanzdienstleistungen e. V. (iff), Studie im Auftrag des Bundesverbandes der Verbraucherzentralen e. V. 2007, S. 1ff.

224 Derleder, Immobiliarkredit und kreditfinanzierte Fondsbeteiligungen, Kapitel II (§ 16), in: Derleder/Knops/Bamberger, Handbuch zum deutschen und europäischen Bankrecht, 2. Auflage, Berlin; Heidelberg 2009, S. 552, Rn. 21.

sermaßen „zu einer Waffe des Finanzinvestors“ werden[225]. Selbst dem Thema „Aufkauf notleidender Kredite durch Finanzinvestoren“ eher wohl gesonnene Autoren, wie *Schalast*[226], sehen den (fehlenden) Rechtsrahmen und die Möglichkeiten, welche die Zwangsvollstreckung den Gläubigern bietet, als einen entscheidenden Grund dafür an, weshalb sich jener Markt in Deutschland in kürzester Zeit so gut entwickeln konnte. Speziell in Deutschland existiert ein besonders stark ausgebautes rechtliches System, welches den zügigen Zugriff auf den Schuldner beim Immobiliarkredit und den damit einher gehenden Gefahren des missbräuchlichen Umganges mit jenen Zwangsvollstreckungsrechten bei langfristigen Krediten begünstigt[227]. Seitens der Forderungserwerber wird das gerne mit dem Verweis abgetan, die „Special Servicer“ seien um „gute Ratings bemüht“ und müssten sich schon deshalb „seriös im Umgang mit den Schuldnern verhalten“[228]. Die Forderungsaufkäufer sind am Erwerb eines störungsfrei agierenden Pools von Krediten interessiert. Daher führt die obige Argumentation der Finanzinvestoren zu einer Verharmlosung der Problematik, wenn letztere vorrangig auf die Risikobehaftetheit der angekauften Forderungen verweisen, um ihr Zwangsvollstreckungsverhalten damit zu rechtfertigen. Außerdem hat sich herausgestellt, dass der Verkauf von Kreditpaketen, die neben den notleidenden Krediten auch „gute Kreditforderungen“ enthalten, wesentlich gewinnbringender für die Verkäufer ist, als gemeinhin angenommen wird. Laut einer Studie der Unternehmensberatungsgesellschaft *Ernst & Young* betrug der Anteil der nicht kündbaren Kredite am Gesamtvolumen der auf dem Sekundärmarkt gehandelten Kredite (2003 bis 2006) in etwa 10%. Das betrifft bei ca. 25.000 ungekündigten Verbraucherkrediten, die fast ausschließlich zu Zwecken der Baufinanzierung aufgenommen worden waren, eine bereits quantitativ nicht

---

225 Schimansky, Verkauf von Kreditforderungen und Unterwerfung unter die sofortige Zwangsvollstreckung, WM 2008, 1049(1050). A. A. dagegen Sokolowski, der die praktische Bedeutung der Thematik geringer einstuft und nur von einem „vermeintlichen Missstand“ spricht. Siehe hierzu Sokolowski, Die Abtretbarkeit der Sicherungsgrundschuld nach der Neuregelung durch das Risikobegrenzungsgesetz, JR 2009, 309(310).

226 Schalast, Veräußerung von Einzelforderungen (Single Names) und Portfolios notleidender Kredite – Markttrends und Entwicklungen, Zeitschrift für Bank- und Kapitalmarktrecht (BKR) 2006, 193(201) sowie nochmals Schalast, Das Risikobegrenzungsgesetz – Konsequenzen für die Kreditvergabe und für Kredittransaktionen, BB 2008, 2190(2195).

227 Derleder, Immobiliarkredit und kreditfinanzierte Fondsbeteiligungen, Kapitel II (§ 16), in: Derleder/Knops/Bamberger, Handbuch zum deutschen und europäischen Bankrecht, 2. Auflage, Berlin; Heidelberg 2009, S. 565, Rn. 49.

228 So argumentiert für die Bankenseite stellvertretend Schalast, Veräußerung von Einzelforderungen (Single Names) und Portfolios notleidender Kredite – Markttrends und Entwicklungen, Zeitschrift für Bank- und Kapitalmarktrecht (BKR) 2006, 193(200).

zu unterschätzende Größe[229]. Ärgerlicherweise drohte somit auch Vertrags treuen Schuldnern die Gefahr, trotz ordnungsgemäßer Kreditbedienung plötzlich mit Zwangsvollstreckungsmaßnahmen, welche durch den Zessionar oder durch den Special Servicer aus zumeist EU-fernen Ländern eingeleitet worden waren, die zudem keiner aufsichtsrechtlichen Kontrolle unterlagen, konfrontiert zu werden.

Auch wurden in der öffentlichen Diskussion die mangelnde Transparenz und der eher defizitäre Informationsfluss in Richtung Kreditnehmer (Schuldner) bei Kredittransaktionen gerügt. Selbiges gilt für die Forderungsübertragungen, welche ohne vorherige Zustimmung des betroffenen Schuldners von statten gehen, die durchaus als ein *Eingriff* in die *Vertragspartnerwahlfreiheit*, ein Ausfluss des Grundsatzes der Privatautonomie, angesehen werden können. Genauso wurde der Gläubigeraustausch in Folge umwandlungsrechtlicher Vorgänge, der keiner Zustimmung des Kreditnehmers bedarf, als ein Eingriff in die Handlungsfreiheit des Schuldners, verbunden mit der Forderung, hier die Rechte der Schuldner (Verbraucher) zu stärken, eingestuft. Vor diesem Hintergrund haben die Verbände der Industrie und die der Verbraucher in einem fast schon ungewöhnlich anmutenden Konsens eine verbesserte Kreditnehmerschutzgesetzgebung seitens des deutschen Staates eingefordert[230], damit es nicht zu der befürchteten Errichtung einer „immobiliarkreditrechtlichen Bananenrepublik“[231] in Deutschland kommt. Zu den ursprünglich erklärten Zielen des Risikobegrenzungsgesetzes, nämlich dem der Verbesserung der Rahmenbedingungen für Kapitalbeteiligungen sowie dem der Begrenzung der Risiken für die Stabilität des Finanzsystems durch die Einschränkung der volkswirtschaftlich betrachtet unerwünschten Aktivitäten der Finanzinvestoren, ist nunmehr noch ein weiteres Anliegen an den Gesetzgeber hinzu gekommen. Gemeint ist das der *Verbesserung des Kreditnehmerschutzes bei Kreditverkäufen*. Deshalb ist das *Risikobegrenzungsgesetz 2008* in inhaltlich zwei verschiedene Teile zergliedert. Die Kreditvergabe und die Kreditverkäufe sind in den Artikeln 6 bis 11 verrechtlicht. Im Sommer 2010 wurde die *Verbraucherkreditrichtlinie 2008/46/EG* in das deutsche Privatrecht umgesetzt, was dazu führte, dass ein Teil der durch das

---

229 Unter Bezugnahme auf die Untersuchung von Ernst & Young siehe ferner die Ausführungen bei Knops/Knobloch/Dübel/Reifner, Erwerb von Kreditforderungen durch Private Equity Unternehmen: Mögliche Gefahren für Verbraucher, Institut für Finanzdienstleistungen e. V., Studie im Auftrag des Bundesverbandes der Verbraucherzentralen e. V. 2007, S. 25.

230 Derleder, Immobiliarkredit und kreditfinanzierte Fondsbeteiligungen, Kapitel II (§ 16), in: Derleder/Knops/Bamberger, Handbuch zum deutschen und europäischen Bankrecht, 2. Auflage, Berlin; Heidelberg 2009, S. 566, Rn. 51.

231 Derleder, Das Outsourcing notleidender Bankkredite und seine rechtlichen Grenzen, VuR 2007, 81(88).

Risikobegrenzungsgesetz gerade eingefügten Normen in das BGB sowie in das HGB und in die ZPO knapp zwei Jahre nach deren in Kraft treten bereits wieder überarbeitet und an die besagte EU-Richtlinie angepasst werden mussten[232]. Mit letzterer sollte der Kreditmarkt transparenter und damit effizienter gemacht werden. Auch war beabsichtigt, mit der gemeinschaftsrechtlich veranlassten Umgestaltung des Privatrechts seitens der betroffenen Mitgliedstaaten den Rechtsentwicklungen auf dem Kreditsektor der EU Rechnung zu tragen. Der Richtliniengesetzgeber gedachte ein ausreichendes Verbraucherschutzniveau im Wege einer angeordneten (weitgehenden) Vollharmonisierung zu erreichen. Im Mittelpunkt stand die *bessere Informiertheit der Verbraucher* über die zentralen Elemente des Kreditgeschäftes und das in zeitlicher Hinsicht *vor, während und nach Vertragseingehung*. Hinzu kommen Vorschriften, die eine vorzeitige Beendigung des Vertrages, ausgesprochen seitens des Darlehensgebers als auch seitens des Darlehensnehmers, ermöglichen. Auch die Berechnung des effektiven Jahreszinses wurde erneut durch den Gesetzgeber in Angriff genommen. Regelungen, welche die jeweiligen Rückzahlungs- und Entschädigungsmodalitäten betreffen, sieht die Verbraucherkreditrichtlinie 2008 ebenso vor. Die Banken verhalten sich beim Umsetzen der neuen Vorgaben - gemeint ist unter anderem das Thema „Einberechnung der Kosten der Restschuldversicherung in den beworbenen Kredit bei der Anpreisung dessen effektiven Jahreszinssatzes" - eher noch etwas zögerlich[233]. Das erstaunt etwas, weil die Regelungen der §§ 6 Abs. 2, 6 a Abs. 1 S. 2 PAngVO insoweit eindeutig sind. Letztlich gehören zur in nationales Recht umgesetzten Verbraucherkreditrichtlinie 2008 Normen über anderweitige Finanzierungsgeschäfte sowie weitere Bestimmungen, welche § 6 PAngVO ergänzen sollen (§§ 6 a; 6 b PAngVO)[234]. Mit Gesetz vom 24.07.2010,

232 Zum 11.06.2010 trat die Richtlinie 2008/46/EG in Kraft, des Weiteren Verbraucherkreditrichtlinie 2008 genannt; siehe BT-Drs. 16/13669, S. 128ff.

233 Vgl. Institut für Finanzdienstleistungen (Hrsg.), Konferenz Reader zur Tagung „Finanzdienstleister und Verbraucherschutz – zwei Welten?" Hamburg 2./3. Juli 2010, S. 37.

234 Erste Erfahrungen mit der 2010 in die PAngVO eingefügten und die Kreditwerbung betreffende Norm des § 6 a Abs. 3 S. 2 PAngVO belegen, dass Zinssatzangaben in der Werbung eher völlig verschwinden; siehe Institut für Finanzdienstleistungen (Hrsg.), Konferenz Reader zur Tagung „Finanzdienstleister und Verbraucherschutz – zwei Welten?" Hamburg 2./3. Juli 2010, S. 33-37. Es ist nicht auszuschließen, dass wegen des fehlenden bankinternen Konditionenwettbewerbs die Bedingungen für die Kreditnehmer in Zukunft sich verschlechtern könnten, wie selbst Bankenvertreter auf der Tagung des Institutes für Finanzdienstleistungen (iff) vermuteten; siehe nochmals: Institut für Finanzdienstleistungen (Hrsg.), Konferenz Reader zur Tagung „Finanzdienstleister und Verbraucherschutz – zwei Welten?" Hamburg 2./3. Juli 2010, S. 34 (These 2). Einen ersten kurzen Einblick über die Umsetzung der Verbraucherkreditrichtlinie 2008 in das

welches zum 31.07.2010 in Kraft getreten war, wurde aufgrund einer Entschließung des Deutschen Bundestages ein von der Verbraucherkreditrichtlinie nicht verlangtes *Muster zwecks Information über das Widerrufsrecht mit Gesetzlichkeitsfiktion* als Anlage 6 zu Art. 247 EGBGB hinzugefügt[235]. Die innerhalb des BGB, HGB und der ZPO erfolgten Gesetzesänderungen, mit denen die Verbraucher in ihrer Eigenschaft als Kreditnehmer stärker gegenüber den Finanzinstituten geschützt werden sollten, werden im nächsten Abschnitt sowohl in der Fassung vor und nach der Umsetzung der Verbraucherkreditrichtlinie 2008[236] in das deutsche Privatrecht näher beleuchtet und auf deren verbraucherrechtliche Effizienz hin kursorisch bewertet.

2 Verbraucher schützender Gehalt des Risikobegrenzungsgesetzes sowie der umgesetzten Verbraucherkreditrichtlinie 2008

Der Gesetzgeber sah vor allem Handlungsbedarf innerhalb des BGB, der ZPO und des HGB. Im Zeitraum Mitte August 2008 bis Ende Juli 2010 kam es zu den bereits vorgestellten Änderungen im Bereich der hier interessierenden Verbraucherdarlehensverträge. Vorschriften, welche auf dem Risikobegrenzungsgesetz basieren und die wegen der umgesetzten Verbraucherkreditrichtlinie 2008 zwar im Wesentlichen inhaltsgleich vom Gesetzgeber beibehalten nunmehr aber an anderer Stelle platziert worden sind, werden als solche mit dem Kürzel a. F. gekennzeichnet. Die Gesetzesänderungen von 2008 setzten an *drei Stellen* an[237]: Erstens wurden auf der *schuldrechtlichen Ebene* die Normen des *Verbraucherkreditrechts des BGB* modifiziert. Das geschah noch vor der Umsetzung der Verbraucherkreditrichtlinie 2008. Den Gläubiger treffende neue Unterrichtungs-

---

deutsche Privatrecht bietet Weidenkaff; siehe Palandt-Weidenkaff, 70. Auflage, München 2011, Vorbemerkungen zu §§ 491-498 BGB, Rn. 7f.

235 BT-Drs. 17/1394 und 17/1802.

236 Gemessen an den Erwartungen, die mit der Umsetzung jener Richtlinie in das BGB verbunden gewesen sind, ist das nunmehr erlangte Verbraucherschutzniveau kaum höher als vorher; siehe hierzu: Institut für Finanzdienstleistungen (Hrsg.), Konferenz Reader zur Tagung „Finanzdienstleister und Verbraucherschutz – zwei Welten?“ Hamburg 2./3. Juli 2010, S. 33.

237 Siehe stellvertretend Wellenhofer, Das Recht der Sicherungsgrundschuld nach dem Risikobegrenzungsgesetz, JZ 2009, 1077(1078) und Rohe, Anmerkungen zur Reform des Rechts der Immobilienfinanzierung, in: Grundmann u. a. (Hrsg.), Festschrift für Eberhard Schwark zum 70. Geburtstag, Unternehmensrecht zu Beginn des 21. Jahrhunderts, München 2009, S. 612.

pflichten sollten für ein Mehr an Transparenz und Rechtssicherheit beim Kreditschuldner im Allgemeinen und beim Immobiliarkreditnehmer im Besonderen sorgen. Zweitens wurde die *rechtliche Position des Sicherungsgebers*, im Regelfall ist das der Eigentümer der Immobilie, auf der sachenrechtlichen Ebene durch das Risikobegrenzungsgesetz *gegenüber dem Zessionar gestärkt*. Drittens galt es die rechtliche Stellung des Grundstückseigentümers gegen die *Gefahr der missbräuchlichen Verwendung von Sicherheiten* durch den jeweiligen Sicherungsnehmer im Hinblick auf das Vollstreckungsverfahren zu verbessern. Die kurz darauf erfolgte erneute Reformierung des bürgerlich-rechtlichen Verbraucherkreditrechts durch die Umsetzung besagter Richtlinie stellte die gesetzgeberischen Ziele vom August 2008 nicht in Frage, führte aber innerhalb des BGB zu weiteren „Reparaturmaßnahmen".

2.1 Konkretes Klauselverbot für Darlehensverträge in Allgemeinen Geschäftsbedingungen (AGB): § 309 Nr. 10 BGB

Nunmehr sind formularmäßig abgefasste Vertragsbestimmungen auch in Darlehensverträgen unwirksam, mittels derer ein Dritter anstelle des Verwenders (Erstgläubiger des Kreditnehmers) in die sich aus dem Vertrag ergebenden Rechte und Pflichten eintritt oder eintreten kann, wenn nicht bereits bei Vertragsschluss der Dritte namentlich bezeichnet oder dem Kreditnehmer das Recht eingeräumt wird, sich im Fall des Gläubigerwechsels vom Vertrag lösen zu können[238]. § 309 Nr. 10 BGB erfasst Kauf-, Darlehens-, Dienst- und Werkverträge jeder Art. Für Darlehensverträge gilt das jedoch nur für die nach dem 18.08.2008 abgeschlossenen Rechtsgeschäfte. Durch diese Gesetzesänderung soll verhindert werden, dass dem Darlehensschuldner ohne dessen Willen ein neuer Vertragspartner aufgezwungen werden kann. Im Ergebnis mussten die Banken ihre AGB darauf hin überarbeiten und besagte Freistellungsklauseln an die Regelung des § 309 Nr. 10 BGB anpassen. Das Gesagte gilt allerdings zunächst nur für den Immobiliarkredit, der ohne Vorfälligkeitsentschädigung gegeben worden ist. Die Abtretung von Ansprüchen durch die Kreditgeber wird durch die Neuregelung nicht berührt. Interessanterweise wird auch eine Unternehmensumwandlung nach dem Umwandlungsgesetz hiervon nicht erfasst, sofern mit der Änderung der Rechtspersönlichkeit die Identität des Vertragspartners gewahrt bleibt[239].

---

238 Dies gilt beim Immobiliarkredit ohne Vorfälligkeitsentschädigung.

239 Unternehmensumwandlungen lösen allerdings zusätzliche Informationspflichten gem. § 493 BGB (§ 492 a BGB a. F.) aus; vgl. Rohe, Anmerkungen zur Reform des Rechts der

Richtigerweise wird die Überarbeitung des § 309 Nr. 10 BGB als überfällige und zur Rechtssicherheit beitragende Maßnahme seitens des Schrifttums eingestuft[240], deren Verbraucher schützende Relevanz jedoch eher bescheiden ausfallen dürfte. Die bisherigen Erfahrungen mit jener Vorschrift bestätigen inzwischen die eben geäußerte Auffassung, was an folgendem liegen dürfte: Erstens sind diese in Rede stehenden Vertragsübernahmeklauseln nicht Grundlage der bisherigen Forderungsverkäufe an Investoren oder an andere interessierte Kreise gewesen. Zweitens kann auch die Neufassung des § 309 Nr. 10 BGB nicht verhindern, dass weiterhin Forderungsabtretungen an „unerwünschte Zessionare" vorgenommen werden können[241]. Denn § 309 Nr. 10 BGB tangiert nicht die Abtretung gem. § 398 BGB, weil diese keine Zustimmung des Darlehensschuldners verlangt[242]. Zu den vormals noch diskutierten und auch in Erwägung gezogenen Verschärfungen innerhalb des KWG[243] kam es dagegen nicht.

2.2 Hinweis gerichtet auf Abtretbarkeit der Forderung aus dem Darlehensvertrag: § 492 Abs. 1a BGB a. F. jetzt § 491 a Abs. 1 i. V. m. Art. 247 § 9 Abs. 1 S. 2 EGBGB

Die fehlende Kenntnis der Verbraucher und mangelnde Aufklärung der Kreditgeber im Hinblick auf die Thematik der Kreditverkäufe zwecks Refinanzierung der Anbieter stufte der Gesetzgeber als ein strukturelles Problem ein, welches angegangen werden müsse. Deshalb verlangte § 492 Abs. 1a BGB a. F. bei Immobiliarkrediten, dass in den Vertrag ein deutlicher Hinweis aufzunehmen ist, dass die Forderungen aus Verbraucherdarlehensverträgen *auch ohne Zustim-*

Immobilienfinanzierung, in: Grundmann u. a. (Hrsg.), Festschrift für Eberhard Schwark zum 70. Geburtstag, Unternehmensrecht zu Beginn des 21. Jahrhunderts, München 2009, S. 613 und Knops, Neuregelungen zum Kredithandel durch das Risikobegrenzungsgesetz: Kein großer Wurf, VuR 2009, 286(287); Bredow/Vogel, Kreditverkäufe in der Praxis – Missbrauchsfälle und aktuelle Reformansätze, BKR 2008, 271(272f.).

240 Knops, Neuregelungen zum Kredithandel durch das Risikobegrenzungsgesetz: Kein großer Wurf, VuR 2009, 286(287).

241 Derleder, Immobiliarkredit und kreditfinanzierte Fondsbeteiligungen, Kapitel II (§ 16), in: Derleder/Knops/Bamberger, Handbuch zum deutschen und europäischen Bankrecht, 2. Auflage, Berlin; Heidelberg 2009, S. 567, Rn. 53.

242 Der Gesetzgeber sah insoweit keinen Anlass, hier ein Mehr an Schutz für den Kreditnehmer durch das Risikobegrenzungsgesetz zu statuieren; vgl. BT-Drs. 16/9821, S. 19.

243 Gesetz über das Kreditwesen (Kreditwesengesetz) in der Fassung vom 09.09.1998, BGBl. I 1998, S. 2776, zuletzt geändert durch Gesetz vom 30.07.2009, BGBl. I 2009, S. 2437.

mung des Verbrauchers abgetreten oder auf einen Dritten übertragen werden können. Etwas anderes galt nur für die Fälle, in denen der Darlehensvertrag bereits eine solche Abtretung ausschließt beziehungsweise über keinen Zustimmungsvorbehalt verfügt. Das Tatbestandsmerkmal in § 492 Abs. 1a BGB a. F. *„deutlicher Hinweis"* ist anderen Verbraucher schützenden Normen entlehnt und findet sich nunmehr in Art. 247 § 9 Abs. 1 S. 2 EGBGB wieder, auf den § 491 a BGB verweist. Es empfiehlt sich eine Orientierung anhand des § 355 BGB vorzunehmen. Das bedeutet nach Ansicht des Gesetzgebers, dass der Hinweis nicht zwischen dem übrigen Text untergehen darf[244]. Bei Nichtbeachtung wird dies als eine § 280 BGB relevante Pflichtverletzung eingestuft, woraus dem Darlehensnehmer gem. §§ 311 Abs. 2, 280 Abs. 1, 241 Abs. 2 BGB im Ergebnis ein Schadensersatzanspruch erwachsen kann[245]. Dieser steht aber nur auf dem Papier, denn ein ökonomisch relevanter Schaden ist dem Verbraucher bei Nichterhaltung eines Hinweises zunächst einmal nicht entstanden. Außerdem dürfte es dem Verbraucher schwer fallen, den Kausalitätshinweis in der Sache dahingehend zu führen, dass der Informationsmangel kausal für die Vertragseingehungsentscheidung gewesen sei[246]. Auch *Fuhrmann*[247] argumentiert in diese Richtung, in dem er ausführt, dass der einzige Schaden, den der Darlehensnehmer (Verbraucher) erleiden könne, nur abstrakter Natur und damit nicht rechtsrelevant sei. Allenfalls kann in der Vertragseingehung als solches ein Schaden gesehen werden, weshalb über § 249 BGB der Verbraucher dann so gestellt werden müsste, als ob er nie einen Darlehensvertrag mit der Bank eingegangen sei (Freistellungsanspruch). Ob nun in Anbetracht des § 492 Abs. 1a BGB a. F. beziehungsweise des § 491 a Abs. 1 BGB in Verbindung mit Art. 247 § 9 Abs. 1 S. 2 EGBGB die Verbraucher mit den Banken vermehrt über die Einräumung eines Abtretungsverbots in Verhandlung geraten werden, erscheint doch in Anbetracht des Machtgefälles eher sehr zweifelhaft zu sein[248]. Banken dürften kaum Verträge mit Verbrauchern eingehen, wenn diese Rechtsgeschäfte den Banken nicht die Möglichkeit eines Weiterverkaufs der Forderungen einräumen,

---

244 Siehe zur Begründung BT-Drs. 16/9821, S. 19.

245 Stellvertretend wird auf Grüneberg verwiesen; Palandt-Grüneberg, 70. Auflage, München 2011, Einführung vor Art. 238 EGBGB, Rn. 7.

246 So zu Recht Rohe, Anmerkungen zur Reform des Rechts der Immobilienfinanzierung, in: Grundmann u. a. (Hrsg.), Festschrift für Eberhard Schwark zum 70. Geburtstag, Unternehmensrecht zu Beginn des 21. Jahrhunderts, München 2009, S. 615.

247 Fuhrmann, Das Bankgeheimnis als Abtretungsverbot, Frankfurt am Main; Berlin; Bern; New York; Paris; Wien 2009, S. 92.

248 Zu einer anderen Auffassung tendiert dagegen Schalast, Das Risikobegrenzungsgesetz – Konsequenzen für die Kreditvergabe und für Kredittransaktionen, BB 2008, 2190(2192).

wie *Derleder*[249] zutreffend vermutet. Der Verbraucher schützende Gehalt der Neuregelung ist mithin marginal[250]. Für den Darlehensnehmer bleibt einzig die Erkenntnis, kraft der gesetzgeberischen Informationsstrategie nun früher beziehungsweise überhaupt zu wissen, dass sein weiteres Schicksal als Kreditnehmer nicht einzig und allein durch dem Abschluss des Darlehensvertrages mit der Bank bestimmt sein wird, die er sich zuvor - im Regelfall - noch selber ausgesucht hat. Auf die unkalkulierbaren Folgen eines nach wie vor zulässigen Gläubigerwechsels wird sich der Verbraucher auch in Zukunft einstellen müssen.

2.3 Folgeangebot: § 492 a BGB a. F. jetzt § 493 BGB

Auch während der Durchführung des Vertragsverhältnisses existieren zu Gunsten der Verbraucher Unterrichtungspflichten seitens des Kreditanbieters. Geregelt waren diese zunächst in § 492 a BGB a. F. Mit in Kraft treten der in nationales Recht umgesetzten Verbraucherkreditrichtlinie 2008 finden sich die zentralen Regelungen des § 492 a BGB a. F. im Wesentlichen in § 493 BGB wieder. Wird im Darlehensvertrag ein fester Zinssatz vereinbart, und handelt es sich zudem um den Fall einer sog. „unechten Abschnittsfinanzierung", bei dem die Zinsbindung bereits vor dem Rückzahlungstermin endet, dann hat der Darlehensgeber den Darlehensnehmer gem. § 493 Abs. 1 S. 1 BGB spätestens drei Monate vor Ende der Zinsbindung dahingehend zu befragen, ob der Darlehensnehmer an der Vereinbarung einer neuen, weiteren Zinsbindung mit dem Darlehensgeber interessiert ist. Wenn ja, dann muss die Unterrichtung seitens des Darlehensgebers gem. § 493 Abs. 1 S. 2 BGB den zum Zeitpunkt der Unterrichtung relevanten *Sollzinssatz* enthalten. Mit gleicher Frist ist der Darlehensnehmer vor Beendigung des Vertragsverhältnisses seitens des Darlehensgebers über die Möglichkeit einer *Fortsetzung des Darlehensvertrages* in Kenntnis zu setzen. Auch hat der Darlehensgeber dem Darlehensnehmer gegenüber wegen § 493 Abs. 2 S. 2 BGB zwingend die *Pflichtangaben des § 491 a Abs. 1 BGB* (492 Abs. 1 S. 5 BGB a. F.) zu übermitteln. Allen voran gilt das für die Angabe des *effektiven Jahreszinssatzes*. Beide Pflichten des § 493 Abs. 1 BGB treffen nach § 493 Abs. 4 BGB auch den Neugläubiger, es sei denn, unter den Gläubigern ist eine stille Zession vereinbart worden, und der Darlehensgeber tritt weiterhin gegenüber dem Darlehensnehmer als Vertragspartner auf. Jene innerhalb des § 493 BGB skizzierten Pflichten haben den Charakter von Nebenpflichten gem. § 241

249 Derleder, Immobiliarkredit und kreditfinanzierte Fondsbeteiligungen, Kapitel II (§ 16), in: Derleder/Knops/Bamberger, Handbuch zum deutschen und europäischen Bankrecht, 2. Auflage, Berlin; Heidelberg 2009, S. 567, Rn. 54.

250 Gleicher Auffassung Grunewald/Peifer, Verbraucherschutz im Zivilrecht, Heidelberg; Dordrecht; London; New York 2010, S. 80f., Rn. 160.

Abs. 2 BGB, weshalb deren Verletzung Schadensersatzansprüche des Darlehensnehmers gem. § 280 Abs. 1 BGB nach sich ziehen können. Von der Erforderlichkeit der Textform des § 492 Abs. 5 BGB ist im Hinblick auf die Unterrichtungspflichten des § 493 BGB auszugehen. Der Gesetzgeber hatte mit der Regelung des § 493 BGB (§ 492 a Abs. 1 BGB a. F.) bezweckt, die Rahmenbedingungen einer Prolongation nach Ablauf der Zinsbindungsfrist durch Erweiterung des Überlegungszeitraumes im Interesse des Verbraucherschutzes zu verbessern[251]. Ob das gelungen ist, wird man durchaus in Zweifel ziehen dürfen. In der Tat ist die Gesetzesformulierung eher unglücklich abgefasst worden und erweckt den Anschein, als ob der Darlehensnehmer darüber entscheide, ob es zu einer Prolongation komme oder nicht[252]. Der Lebenswirklichkeit entspricht etwas anderes. Bei Eingehung langfristiger Darlehensverträge, bei denen eine Tilgungsdauer von 30 Jahren und mehr Gegenstand des Vertrages ist, muss jeder Darlehensnehmer von der Bereitschaft seiner Kreditgebenden Bank ausgehen, dass diese das Vertragsverhältnis mit dem Darlehensnehmer fortzusetzen bereit ist[253].

2.4 Anzeigepflicht im Fall der Abtretung: § 496 Abs. 2 BGB

Mit der Umsetzung des Risikobegrenzungsgesetzes wurde bei der Regelung des § 496 BGB ein zweiter Absatz eingefügt. Bedingt durch die umgesetzte Verbraucherkreditrichtlinie 2008 erfolgte in § 496 Abs. 2 BGB eine entsprechende Bezugnahme auf Art. 246 § 1 Abs. 1 Nr. 1-3 EGBGB. Die Vorschrift des § 496 Abs. 2 BGB statuiert eine Pflicht zur unverzüglichen Unterrichtung des Darlehensnehmers im Fall einer Forderungsabtretung oder eines anderweitigen Wechsels auf Seiten des Kreditgebers. Jene Aufklärung des Darlehensnehmers soll die Kontaktdaten des Neugläubigers gem. Art. 246 § 1 Abs. 1 Nr. 1-3 EGBGB (§ 1 Abs. 1 Nr. 1-3 BGB-InfoV a. F.) enthalten. Einer Unterrichtung

---

251 Derleder, Immobiliarkredit und kreditfinanzierte Fondsbeteiligungen, Kapitel II (§ 16), in: Derleder/Knops/Bamberger, Handbuch zum deutschen und europäischen Bankrecht, 2. Auflage, Berlin; Heidelberg 2009, S. 568, Rn. 55. Kritisch zur Neuregelung auch Rohe, Anmerkungen zur Reform des Rechts der Immobilienfinanzierung, in: Grundmann u. a. (Hrsg.), Festschrift für Eberhard Schwark zum 70. Geburtstag, Unternehmensrecht zu Beginn des 21. Jahrhunderts, München 2009, S. 616.

252 Knops, Neuregelungen zum Kredithandel durch das Risikobegrenzungsgesetz: Kein großer Wurf, VuR 2009, 286(288).

253 Derleder, Immobiliarkredit und kreditfinanzierte Fondsbeteiligungen, Kapitel II (§ 16), in: Derleder/Knops/Bamberger, Handbuch zum deutschen und europäischen Bankrecht, 2. Auflage, Berlin; Heidelberg 2009, S. 568, Rn. 55.

des Darlehensnehmers bedarf es nicht, wenn ihm gegenüber der Darlehensgeber weiterhin als alleiniger Vertragspartner zur Verfügung steht, was aus § 496 Abs. 2 S. 2 BGB folgt. Ebenso ist § 496 Abs. 2 BGB nicht analog auf diejenigen Fälle anwendbar, in denen zwecks Absicherung des Verbraucherkreditvertrages der Darlehensnehmer im Wege eines abstrakten Schuldversprechens gegenüber dem Darlehensgeber sich zur Unterwerfung unter die sofortige Zwangsvollstreckung verpflichtet hat, sodass er letztlich mit seinem ganzen Vermögen haftet[254]. Sollte die Erfüllung dieser Bedingung im Zeitablauf wieder entfallen sein, dann hat der Darlehensgeber gem. § 496 Abs. 2 S. 3 BGB den Darlehensnehmer unverzüglich hierüber zu informieren. Nicht umgesetzt wurde dagegen der Vorschlag, die Kreditinstitute zum Anbieten nichtabtretbarer Kredite zu verpflichten[255].

2.5 Erweiterung des Kündigungsschutzes auf Immobiliardarlehensverträge: § 498 Abs. 3 BGB a. F. jetzt § 503 Abs. 3 BGB

Die Verbraucherschutzverbände hatten im Zusammenhang mit der Beratung des Risikobegrenzungsgesetzes immer wieder betont, ein funktionierender und für die Kreditverkäufer attraktiver NPL-Markt schaffe für die Banken einen Anreiz, schneller als bislang üblich die Kündigung der Darlehensverträge auszusprechen, um jene dort enthaltene Forderungen weiter veräußern zu können. Betreffen die Kredite auch noch die Immobilienfinanzierung der Verbraucher, so sei gerade dort ein stärkerer Schutz der Darlehensnehmer nach Ansicht der Verbraucherverbände vonnöten. Das erklärt die Neuregelung des § 498 Abs. 3 BGB a. F., welche nunmehr der aktuellen Vorschrift des § 503 Abs. 3 BGB entspricht. Nach dieser Regelung ist die Kündigung einer Immobilienfinanzierung nur noch dann gestattet, wenn der Kreditnehmer mit mindestens zwei aufeinanderfolgenden Teilzahlungen ganz oder teilweise in Verzug ist, und das zudem mindestens 2,5 % des Nennbetrages des Darlehens ausmacht. Abhängig vom jeweiligen Zinssatz und Kreditvolumen müssen demnach zwischen fünf und sechs Monatsraten ausstehen, bis es zu einer zulässigen Kündigung kommen

254 Soweit die Übernahme der persönlichen Haftung und die eingegangene Verbindlichkeit in einer Person (Kreditnehmer, Verbraucher) zusammenfallen, kann jene Erklärung auch formularmäßig gegenüber dem Sicherungsnehmer abgegeben werden, wie insbesondere Waldner mit Verweis auf den BGH hervorhebt; vgl. Prütting/Wegen/Weinreich(-Waldner), 5. Auflage, Köln 2010, § 1192 BGB, Rn. 12f. sowie BGH MDR 2006, 343 und BGH NJW 2008, 3208(3210).

255 Stellvertretend Grunewald/Peifer, Verbraucherschutz im Zivilrecht, Heidelberg; Dordrecht; London; New York 2010, S. 80, Rn. 160.

kann[256]. Jene damit erfolgte *Angleichung der Erheblichkeitsschwelle* im Falle eines Kündigungsbegehrens des Darlehensgebers steht schon seit längerem auf der Agenda der Verbraucherschutzverbände in Deutschland[257]. Die Kredit gebenden Banken sollen durch die Neuregelung des § 503 Abs. 3 BGB dazu veranlasst werden, anstelle voreilige Kündigungen auszusprechen, eher eine gemeinsame Lösung mit den Kreditnehmern zu suchen, falls diese Schwierigkeiten bei der Abtragung ihrer Verbindlichkeiten haben sollten.

Das gilt im Hinblick auf die Vorgängerregelung des § 498 Abs. 3 BGB a. F. gem. Art. 229 § 18 Abs. 1 EGBGB allerdings nur für diejenigen Verträge, die nach in Kraft treten des Risikobegrenzungsgesetzes, also *nach dem 18.08.2008*, geschlossen worden oder übertragen worden sind. Bei Schuldverhältnissen, welche das Recht des Verbraucherkredits betreffen und die im *Zeitraum vom 19.08.2008 bis zum 10.06.2010* begründet worden sind, regelt Art. 229 § 22 Abs. 2 EGBGB entsprechendes.
Das kann man durchaus kritisieren. Eine ausgewogene Gesetzgebung hätte stattdessen eine Geltung für alle Kündigungen nach dem 18. August 2008 vorgesehen, wie *Derleder*[258] zutreffend kritisiert. Sofern der Zahlungsverzug des Darlehensnehmers die einzige Form der Vertragsstörung darstellt, dürfte die Norm des § 503 Abs. 3 BGB für Verträge gem. §§ 491 ff. BGB gegenüber den Regelungen der § 490 BGB und § 314 BGB vorgehen[259].

2.6 Einschränkung des gutgläubigen Einrede freien Erwerbs der Sicherungsgrundschuld: § 1192 Abs. 1a BGB

Zwecks Absicherung des Kredits lassen sich Banken, Sparkassen und Genossenschaftsbanken als Kreditgeber in Deutschland im Normalfall eine Grundschuld am finanzierten Grundstück bestellen. *Drei Rechtsgeschäfte* sind diesbezüglich voneinander zu trennen: Angesprochen sind der *Darlehensvertrag* gem. § 488

256 Schalast, Das Risikobegrenzungsgesetz – Konsequenzen für die Kreditvergabe und für Kredittransaktionen, BB 2008, 2190(2193).

257 Knops, Neuregelungen zum Kredithandel durch das Risikobegrenzungsgesetz: Kein großer Wurf, VuR 2009, 286(289).

258 Derleder, Immobiliarkredit und kreditfinanzierte Fondsbeteiligungen, Kapitel II (§ 16), in: Derleder/Knops/Bamberger, Handbuch zum deutschen und europäischen Bankrecht, 2. Auflage, Berlin; Heidelberg 2009, S. 569, Rn. 59.

259 Das vertritt Rohe, in: Rohe, Anmerkungen zur Reform des Rechts der Immobilienfinanzierung, in: Grundmann u. a. (Hrsg.), Festschrift für Eberhard Schwark zum 70. Geburtstag, Unternehmensrecht zu Beginn des 21. Jahrhunderts, München 2009, S. 617.

BGB, die *dingliche Bestellung der Sicherheit* gem. §§ 1192 Abs. 1, 873, 1115 ff. BGB sowie der *Sicherungsvertrag*[260] als schuldrechtliche Basis des Ganzen. Die Diskussion um das allgemeine Thema „Kreditverkäufe an Investoren“ wurde durch die Befürchtung geprägt, die Kreditaufkäufer seien nicht an der Fortsetzung der Vertragsbeziehung mit den Kreditnehmern interessiert und würden zügig versuchen, mittels Einleitung von Zwangsvollstreckungsmaßnahmen an ihr Geld zu kommen, obschon zwischen dem Altgläubiger und dem Kreditnehmer eine Sicherungsvereinbarung besteht. Da in Deutschland die *Grundschuld gutgläubig Einrede frei erworben* werden kann, ist jenes Vorhaben der Kreditaufkäufer nicht juristisch angreifbar. Der Erwerber einer Sicherungsgrundschuld ist nur dann bösgläubig, wenn er erstens den Sicherungszweck der Grundschuld kennt und zweitens darüber hinaus noch dahingehend informiert ist, dass die Sicherungsgrundschuld sich auf eine Einrede behaftete oder sogar nicht existente Forderung bezieht.

Die Norm des § 1192 Abs. 1a BGB führt damit zu einer neuen Form der Sicherungsgrundschuld, indem sie auf den Sicherungsvertrag abstellt. Allerdings ist innerhalb des Schuldrechts der Sicherungsvertrag als Vertragstyp i. S. v. §§ 311, 241 BGB in rechtsdogmatischer Hinsicht noch nicht richtig ausdifferenziert, was die Vorschrift des § 1192 Abs. 1a BGB als fragmentarisch und punktuell erscheinen lässt[261]. Kritisiert wird zudem, dass die Neuregelung des § 1192 Abs. 1a BGB systemwidrig sei, weil der Sicherungsvertrag eine rein schuldrechtliche Abrede darstelle, die nunmehr wegen der erfolgten „Verdinglichung des Sicherungsvertrages“ dem Investor den benötigten Schutz verweigere, den bislang deutsche *Grundprinzipien des Sachenrechts*, wie die Relativität der Schuldverhältnisse, der öffentliche Glaube des Grundbuchs, die Rechtscheinlehre etc. dem Forderungserwerber geboten hätten[262]. Dass jene „ehernen Prinzipien des Zivil-

---

260 Zum Umfang der über den Sicherungsvertrag absicherungsfähigen Ansprüche des Gläubigers siehe Prütting/Wegen/Weinreich(-Waldner), 5. Auflage, Köln 2010, § 1192 BGB, Rn. 8-11.

261 Derleder, Immobiliarkredit und kreditfinanzierte Fondsbeteiligungen, Kapitel II (§ 16), in: Derleder/Knops/Bamberger, Handbuch zum deutschen und europäischen Bankrecht, 2. Auflage, Berlin; Heidelberg 2009, S. 569, Rn. 60.

262 Siehe Sokolowski, bei dem eher die rechtsdogmatischen Zweifel gegenüber der praktischen Notwendigkeit der Reform überwiegen; vgl. Sokolowski, Die Abtretbarkeit der Sicherungsgrundschuld nach der Neuregelung durch das Risikobegrenzungsgesetz, JR 2009, 309(312/314). Dem tritt Rohe entgegen, nach dessen Auffassung der 2008 erfolgte Eingriff in die Nichtakzessorietät der Grundschuld für die künftige Marktgängigkeit der Sicherungsgrundschuld keine nennenswerten Folgen haben dürfte; siehe Rohe, Anmerkungen zur Reform des Rechts der Immobilienfinanzierung, in: Grundmann u. a.

rechts" zugleich als „Einfallstor" für unsaubere Machenschaften gerade auch jener in Rede stehenden Investoren gedient hatten, darf dabei allerdings nicht außer Acht gelassen werden. Jedenfalls überwog beim *Gesetzgeber von 2008* wegen der nicht zu übersehenden Wirtschaftstatsachen berechtigterweise die rechtspolitisch motivierte Notwendigkeit, endlich auch innerhalb des dritten Buches des BGB einmal verbraucherpolitisch relevante Aktivitäten zu entfalten, ohne dass man zugleich beim Risikobegrenzungsgesetz „von einem großen Wurf" hätte sprechen können.

Mit der Umsetzung des Risikobegrenzungsgesetzes kann jetzt jeder Eigentümer jedem Neuerwerber der Sicherungsgrundschuld diejenigen Einreden entgegenhalten, die sich aus dem Sicherungsvertrag ergeben. Das gilt sogar für Einreden, die im Zeitpunkt des Überganges der Sicherungsgrundschuld im Sicherungsvertrag zunächst bereits begründet waren, deren Tatbestand sich aber erst später verwirklicht hatte[263]. Hier ist insbesondere an den Fall der vollständigen oder zumindest teilweisen Tilgung der gesicherten Forderung zu denken, welcher einen solchen Einwand gestattet. Damit ergibt sich eine Rechtslage, die der des § 407 BGB entspricht[264]. Die Regelung des § 1192 Abs. 1a BGB schließt somit die Anwendbarkeit des § 1157 S. 2 BGB aus. Der gutgläubige Erwerb der Sicherungsgrundschuld ist damit in den hier skizzierten Fällen erst einmal vom Tisch. Der Zessionar der Grundschuld kann sich nicht mehr auf die Tatsache berufen, er habe deren Charakter als Sicherungsgrundschuld nicht gekannt und deshalb mit keinen sicherungsvertragsrechtlich relevanten Einreden des Schuldners gerechnet[265].

Das ist zu begrüßen. Allerdings hatte sich bislang in der Praxis dieses Problem beim Ersterwerb eher nicht gestellt[266]. Bei Mehrfachabtretungen werden

---

(Hrsg.), Festschrift für Eberhard Schwark zum 70. Geburtstag, Unternehmensrecht zu Beginn des 21. Jahrhunderts, München 2009, S. 620.

263 Siehe BT-Drs. 16/9821, S. 22.

264 Vgl. nur Wellenhofer, Das Recht der Sicherungsgrundschuld nach dem Risikobegrenzungsgesetz, JZ 2009, 1077(1082).

265 Stellvertretend für viele Grunewald/Peifer, Verbraucherschutz im Zivilrecht, Heidelberg; Dordrecht; London; New York 2010, S. 80, Rn. 159f. In Ergänzung hierzu ist auf die Stellungnahme von Waldner hinzuweisen; vgl. Prütting/Wegen/Weinreich(-Waldner), 5. Auflage, Köln 2010, § 1192 BGB, Rn. 4. Auch Rohe betont, dass zahlungsrelevante Ereignisse, welche erst nach der Zession eingetreten sind, jetzt zu Lasten des Erwerbers auswirken können; siehe Rohe, Anmerkungen zur Reform des Rechts der Immobilienfinanzierung, in: Grundmann u. a. (Hrsg.), Festschrift für Eberhard Schwark zum 70. Geburtstag, Unternehmensrecht zu Beginn des 21. Jahrhunderts, München 2009, S. 619.

266 Schalast, Das Risikobegrenzungsgesetz – Konsequenzen für die Kreditvergabe und für Kredittransaktionen, BB 2008, 2190(2193); ähnlich auch Knops, Neuregelungen zum

auch alle übrigen früheren Gläubiger des Kreditnehmers von der Neuregelung erfasst[267]. Anderenfalls wäre die Norm des § 1192 Abs. 1a BGB leicht zu umgehen. Ob die bereicherungsrechtliche Einrede nach § 821 BGB von der Regelung des § 1192 Abs. 1a BGB betroffen wird, ist dagegen diskussionswürdig. *Wellenhofer*[268] kommt hier zu dem Ergebnis, dass der Gesetzgeber jenen durchaus praxisrelevanten Fall des § 821 BGB wohl übersehen habe und votiert für eine Erfassung der Einrede gem. § 821 BGB im Zusammenhang mit § 1192 Abs. 1a BGB im Wege der extensiven Auslegung des dortigen Tatbestandsmerkmals *„aus dem Sicherungsvertrag"*, um dessen Effizienz nicht völlig zu gefährden. Auf diesem Wege käme man dann an dem Problem vorbei, dass sich die Einrede gem. § 821 BGB auf die Unwirksamkeit eines Sicherungsvertrages bezieht, der eigentlich nicht existiert. Unabhängig davon ist die Neuregelung des § 1192 BGB für die Fälle der Weiterveräußerung der Darlehen vom Erstkäufer an Dritterwerber wegen den Erfahrungen, die man in verbraucherpolitischer Hinsicht in der Vergangenheit machen musste, sinnvoll. Mit der Neufassung des § 1192 BGB wurde das eigentlich nicht akzessorische Grundpfandrecht der Sicherungsgrundschuld in einem Punkt deutlich „akzessorischer" ausgestaltet, als das der Hypothek. Bei der letztgenannten Sicherheit ist der gutgläubige Einrede freie Erwerb wegen § 1157 S. 2 BGB nach wie vor möglich. Ein Eintrag der Eigenschaft in das Grundbuch, die Grundschuld diene zur Sicherung eines Anspruchs, lehnte der *BGH* bislang ab[269]. Trotz der Annäherung der Sicherungsgrundschuld an die Hypothek, zu der es wegen des neuen § 1192 Abs. 1a BGB und der dort veranlassten engeren Verknüpfung des Grundpfandrechts mit der Forderung gekommen ist, dürfte sich an der oben erwähnten fehlenden Möglichkeit einer Eintragbarkeit des Sicherungszwecks in das Grundbuch wohl nichts ändern[270]. Denn die Frage des Zerstörens des guten Glaubens des neuen Grundschulderwerbers stellt sich jetzt nicht mehr, weshalb bereits der Eintragungsgrund als solcher obsolet geworden ist[271]. Die Beantwortung der Frage

---

Kredithandel durch das Risikobegrenzungsgesetz: Kein großer Wurf, VuR 2009, 286(289).

267 Ebenso Wellenhofer, Das Recht der Sicherungsgrundschuld nach dem Risikobegrenzungsgesetz, JZ 2009, 1077(1081).

268 Wellenhofer, Das Recht der Sicherungsgrundschuld nach dem Risikobegrenzungsgesetz, JZ 2009, 1077(1081).

269 BGH NJW 1986, 53(54); aus dem Schrifttum: Palandt-Bassenge, 70. Auflage, München 2011, § 1192 BGB, Rn. 13.

270 Siehe Prütting/Wegen/Weinreich(-Waldner), 5. Auflage, Köln 2010, § 1192 BGB, Rn. 5.

271 Ebenso Wellenhofer, Das Recht der Sicherungsgrundschuld nach dem Risikobegrenzungsgesetz, JZ 2009, 1077(1082).

nach der Rechtsnachfolge im Zwangsversteigerungsverfahren kann an dieser Stelle aus Übersichtlichkeitsgründen nicht erfolgen. Ersatzweise wird auf die Ausführungen von *Waldner*[272] zu diesem Thema verwiesen.

2.7 Fälligkeit der Grundschuld nur bei fristgemäßer Kündigung: § 1193 Abs. 2 S. 2 BGB

Anhand des Risikobegrenzungsgesetzes kam es zu einer weiteren bedeutsamen Änderung im Interesse des Darlehensnehmers. Gemeint ist die Regelung des § 1193 Abs. 2 S. 2 BGB. Nach dieser wird das Kapital der Grundschuld erst nach vorgängiger Kündigung fällig. Die *Kündigungsfrist* beträgt gem. § 1193 BGB *sechs Monate*. Die Kündigungsregelung ist allerdings *dispositiv*. Abweichungen sind daher nach § 1193 Abs. 2 S. 1 BGB zulässig. Vor der Änderung des § 1193 BGB war es in der Bankenpraxis üblich, von der sechsmonatigen Frist mittels AGB abzuweichen, um so die Grundschuld gegebenenfalls sofort fällig stellen zu können. Für die Sicherungsgrundschuld verhindert das jetzt die Neuregelung in § 1193 Abs. 2 S. 2 BGB. Zuwiderhandlungen gegen jene Norm führen nach § 134 BGB zur Vertragsnichtigkeit, auch wenn es sich um eine Regelung innerhalb der AGB des Darlehensgebers handelt[273]. Der Gesetzgeber hatte mit der Änderung des § 1193 BGB vor allem die Fälle der sog. „notleidenden Kredite" im Blick. Ansonsten wäre die gesetzliche Installierung einer sechsmonatigen Kündigungsfrist eigentlich überflüssig gewesen, weil der gutgläubige Einrede freie Erwerb bereits durch § 1192 Abs. 1a BGB ausgeschlossen worden ist. Nach vorzugswürdiger Auffassung ist bei der Fristberechnung auf den *Zeitpunkt der notariellen Beurkundung der Grundschuld* und nicht auf den der Eintragung in das Grundbuch abzustellen[274]. Auch betrifft die Kündigungsregelung in § 1193 BGB nur die *Fälligkeit des Grundschuldkapitals*. Im Hinblick auf die *Fälligkeit der Grundschuldzinsen* ist die Norm des § 488 Abs. 2 S. 1 BGB analog anzuwenden[275]. Allerdings besteht nunmehr für den Gläubiger die Gefahr, dass

272 In der Zwangsversteigerung kann der Ersteher der Immobilie dem Gläubiger keine Einreden entgegen halten, die sich aus dem Sicherungsvertrag ergeben, weshalb der Grundstückserwerber eben nicht auf Kosten des Voreigentümers als „bereichert" angesehen werden kann; vgl. Prütting/Wegen/Weinreich(-Waldner), 5. Auflage, Köln 2010, § 1192 BGB, Rn. 23 und BGH NJW 2003, 2673.

273 Vgl. BGHZ 129, 297(306).

274 Wellenhofer, Das Recht der Sicherungsgrundschuld nach dem Risikobegrenzungsgesetz, JZ 2009, 1077(1085).

275 OLG Stuttgart WM 2001, 2206; Prütting/Wegen/Weinreich(-Waldner), 5. Auflage, Köln 2010, § 1193 BGB, Rn. 2; Wellenhofer, Das Recht der Sicherungsgrundschuld

die Kündigungsfrist des § 1193 Abs. 2 S. 2 BGB mit der des § 30 a ZVG zusammenfällt, was im Ergebnis den Vorgang der Verwertung der Sicherheit zum Nachteil des Gläubigers erheblich verzögern kann[276]. Noch ungeklärt ist hin dessen das Schicksal der in der Bankpraxis üblichen *Nachverzichtsklausel*. Nach dieser Klausel verzichten die Beteiligten auf das in § 726 ZPO statuierte Verfahrenserfordernis und gelangen so schneller an die sofortige Erteilung einer vollstreckbaren Ausfertigung seitens des Notars. Jene Nachverzichtsklausel verstößt nach Auffassung des *BGH* und der *h. M.* nicht gegen die Normen der § 309 Nr. 12a BGB und § 307 BGB[277]. Eine Änderung der Rechtslage ist auch nach 2008 folglich noch nicht eingetreten.

Damit zu einem weiteren, vom Gesetzgeber noch nicht gelösten Problem: Im Regelfall wird vom Schuldner verlangt, dass dieser gegenüber dem Gläubiger ein *abstraktes Schuldanerkenntnis in der Grundschuldbestellungsurkunde* abgibt, welches von der Norm des § 1193 Abs. 2 S. 2 BGB nicht erfasst wird. Diese Art der Gläubigerabsicherung repräsentiert eine weitere Stufe im System der Kreditsicherungsrechte und ermöglichte den Banken bislang (noch) die sofortige Vollstreckung in die Sicherheiten des Darlehensnehmers gem. § 780 BGB i. V. m. § 794 Abs. 1 Nr. 5 ZPO, weil im Zweifel § 271 Abs. 1 BGB einschlägig war[278]. Sollte der *BGH* in Anlehnung an das Leitbild der einer Kündigung bedürftigen fällig Stellung der Grundschuld diese Klausel ebenso nach § 307 Abs. 1, Abs. 2 Nr. 1 BGB für unzulässig erklären, dann wäre das verbraucherrechtliche Dauerproblem einer sofortigen Vollstreckung anhand der formularmäßig vollstreckbar erklärten Urkunde vom Tisch.

Kritisieren lässt sich an der Neuregelung des § 1193 Abs. 2 BGB deren Auslegungsbedürftigkeit. Denn § 1193 Abs. 2 S. 2 BGB nimmt Bezug auf § 1193 Abs. 1 S. 1 BGB und damit auf das Tatbestandsmerkmal des *„Kapitals"* der Grundschuld. Typischerweise erfolgt in der Praxis die Absicherung bei der Vergabe von Immobiliarkrediten über die Sicherungsgrundschuld, welche sich aus der *Grundschuldsumme*, den hierauf Bezug nehmenden *Zinsen* und *Nebenleistungen des Kreditgebers* zusammensetzt, welche einen nicht unbeträchtlichen Gesamtbetrag erreichen können. In der Bankenpraxis sind hier Jahreszinsen in

---

nach dem Risikobegrenzungsgesetz, JZ 2009, 1077(1083), dort m. w. N. über den Meinungsstand.

276 Wellenhofer, Das Recht der Sicherungsgrundschuld nach dem Risikobegrenzungsgesetz, JZ 2009, 1077(1083).

277 Palandt-Grüneberg, 70. Auflage, München 2011, § 309 BGB, Rn. 107.

278 Wellenhofer, Das Recht der Sicherungsgrundschuld nach dem Risikobegrenzungsgesetz, JZ 2009, 1077(1084).

Höhe von bis zu 20% nicht unüblich[279]. In der Beschlussempfehlung des Finanzausschusses des Deutschen Bundestages, welche zur jetzigen Gesetzesfassung geführt hatte, wurde nicht nach den Kriterien Grundschuldkapital, Grundschuldzinsen und Nebenleistungen differenziert[280]. Der Gesetzgeber hatte demnach primär sein Augenmerk auf den Gesamtbetrag der Sicherungsgrundschuld gerichtet, was im Rahmen der Auslegung des § 1193 Abs. 2 S. 2 BGB dann zu berücksichtigen wäre. Die praktischen Konsequenzen der Neuregelungen innerhalb des Sachenrechts durch das Risikobegrenzungsgesetz von 2008 dürften nach alledem weniger „spektakulär", als im Vorfeld teils befürchtet wurde, ausgefallen sein[281].

2.8 Schadensersatz bei unberechtigter Vollstreckung: § 799 a ZPO

Kreditnehmer verpflichten sich oft mehr oder weniger „freiwillig" in den Verträgen dazu, dass die *Kreditforderung der sofortigen Zwangsvollstreckung* gem. §§ 794 Abs. 1 Nr. 5, 800 Abs. 1 ZPO *unterliegt*. Der Gläubiger wird hierauf dringen. Erwirbt er doch so einen Vollstreckungstitel, den er ohne die weitere Mitwirkung der Gerichte direkt gegenüber dem Schuldner durchsetzen kann, ohne nach § 726 ZPO den Nachweis der Fälligkeit erbringen zu müssen. Letzteres wird im Regelfall zwischen den Parteien ebenso vereinbart. Dem Schuldner steht gegen den titulierten Anspruch des Gläubigers im Zweifel nur die Vollstreckungsgegenklage gem. § 767 ZPO zur Verfügung, um so die Einstellung der

279 Wellenhofer, Das Recht der Sicherungsgrundschuld nach dem Risikobegrenzungsgesetz, JZ 2009, 1077(1083).

280 Siehe BT-Drs. 16/9778, S. 3.

281 Ebenso Rohe, der die praktische Relevanz der Norm in Zweifel zieht; siehe Rohe, Anmerkungen zur Reform des Rechts der Immobilienfinanzierung, in: Grundmann u. a. (Hrsg.), Festschrift für Eberhard Schwark zum 70. Geburtstag, Unternehmensrecht zu Beginn des 21. Jahrhunderts, München 2009, S. 621. Die Sicherungsgrundschuld dürfte in der Tat die Bedeutung, welche sie bisher bei der Immobilienfinanzierung als Sicherungsmittel gehabt hat, auch durch die Reform von 2008 kaum eingebüßt haben. A. A. Sokolowski, der bereits diverse sog. „Grundschuldvermeidungsstrategien" seitens der Kreditinstitute am Horizont auftauchen sieht; siehe Sokolowski, Die Abtretbarkeit der Sicherungsgrundschuld nach der Neuregelung durch das Risikobegrenzungsgesetz, JR 2009, 309(313). Dass die bekannten Vorzüge der Grundschuld gegenüber der Hypothek auch nach 2008 noch Bestand haben werden, dafür votieren mit guten Gründen sowohl Grziwotz, Risikogeschäft Grundschuld? Was Anwälte wissen sollten, AnwBl. 2008, 501(504) als auch Wellenhofer, Das Recht der Sicherungsgrundschuld nach dem Risikobegrenzungsgesetz, JZ 2009, 1077(1085f.).

Zwangsvollstreckung zu bewirken. Ein Vorhaben, welches aus der Sicht des Kreditschuldners allerdings einige rechtliche und finanzielle Risiken in sich birgt. Dem soll innerhalb des Vollstreckungsrechts in Gestalt des eingefügten § 799 a ZPO begegnet werden. Systematisch knüpft die Regelung an die der §§ 717 Abs. 2, 945 ZPO an[282]. Betroffen hiervon sind die Sicherungsmaßnahmen der Kreditgeber im Fall von Immobiliarkrediten. Die Regelung des § 799 a ZPO begründet einen verschuldensunabhängigen Schadensersatzanspruch des Eigentümers gegen den beitreibenden Gläubiger, sofern dieser nicht in der vollstreckbar erklärten Urkunde als ursprünglicher Gläubiger benannt ist, falls zuvor ein Gericht dessen Vollstreckung für unzulässig ausgeurteilt hat. Die Tatsache, dass die Norm des § 799 a ZPO sich explizit auf einen „anderen Gläubiger" bezieht belegt, dass diese speziell für Kredittransaktionen erarbeitet worden ist, um so ungerechtfertigte Zwangsvollstreckungen durch Zessionare zu verhindern. Insbesondere gilt das für solche Fälle, in denen ohne Rücksicht auf die zu Grunde liegende Forderung Vollstreckungsmaßnahmen in die Wege geleitet werden[283]. Keine Anwendung findet demgegenüber § 799 a ZPO, wenn dem Schuldner nicht unerwartet ein anderer, nicht weniger vertrauenswürdiger Neugläubiger gegenübersteht, wie beispielsweise beim Erben des Erstgläubigers, beim Insolvenzverwalter oder einer anderen Partei kraft Amtes, welche die Vollstreckung aus der Urkunde betreibt[284].

In der anwaltlichen Praxis bedeutet das folgendes: Für den Darlehensnehmer (Verbraucher) ist die Vollstreckungsgegenklage gem. § 767 ZPO zu erheben, um so materiell-rechtliche Mängel des Erkenntnisverfahrens noch wirksam rügen zu können. Ohne anwaltliche Beteiligung erscheint das ein eher aussichtsloses Unterfangen zu sein[285]. Ob die Norm des § 799 a ZPO tatsächlich einen verbraucherrechtlichen Schritt nach vorne hier bewirkt, bleibt zweifelhaft[286]. So gelten die *üblichen Regelungen eines Schadensersatzprozesses*, wie beispielsweise die Einhaltung *gerichtlicher Zuständigkeiten*, der *Anwaltszwang* bis hin zur Beachtung der *Beweislast*, ohne dass § 799 a ZPO für den Kreditnehmer als

282 Hartmann, ZPO Kommentar, 69. Auflage, München 2011, § 799 a ZPO, Rn. 1.

283 Zur gesetzgeberischen Intention siehe BT-Drs. 16/9821, S. 18f. sowie Saenger-Kindl, ZPO Handkommentar, 4. Auflage, Baden-Baden 2011, § 799 a ZPO, Rn. 1.

284 Vgl. Saenger-Kindl, ZPO Handkommentar, 4. Auflage, Baden-Baden 2011, § 799 a ZPO, Rn. 3.

285 Schimansky, Verkauf von Kreditforderungen und Unterwerfung unter die sofortige Zwangsvollstreckung, WM 2008, 1049(1050).

286 Ebenso Vorwerk, Schutz in der Finanzkrise – welche Rechte hat der Verbraucher? NJW 2009, 1777(1780) sowie auch Knops, Neuregelungen zum Kredithandel durch das Risikobegrenzungsgesetz: Kein großer Wurf, VuR 2009, 286(291).

Betroffenen besondere Erleichterungen anbietet[287]. Davon abgesehen wird zum Teil die praktische Aktualität und somit die Brisanz der Thematik, nämlich die Frage des Missbrauchs des Vollstreckungsrechts seitens der Forderungsaufkäufer gegenüber sogar Vertrags treuen Darlehensnehmern aus rein ökonomischen Motiven in quantitativer Hinsicht in Frage gestellt[288].

An dieser Stelle ist auf einen Beschluss des *LG Hamburg*[289] hinzuweisen. Dort war festgestellt worden, dass im Zusammenhang mit dem Verkauf der Kreditforderungen an Finanzinvestoren die Weiterreichung einer Unterwerfungserklärung an diese wegen des damit einhergehenden Missbrauchspotenzials eine unangemessene Benachteiligung des Kreditnehmers (Verbrauchers) bedeute. Andere Untergerichte folgten dieser Argumentation weitgehend[290]. Die aufkommende Rechtsunsicherheit wurde, nicht wie von Teilen des Schrifttums[291] erhofft, im Rahmen einer zugelassenen Rechtsbeschwerde vom BGH beseitigt. Die Entscheidung des genannten *LG Hamburg* hob der *BGH*[292] kraft Beschlusses vom 16.04.2009 wieder auf. Die Gründe hierfür basierten jedoch allein auf *prozessualen Erwägungen*. In der Sache selbst ist damit nichts geklärt.

Zur Frage einer unangemessenen Benachteiligung i. S. v. § 307 Abs. 1 S. 1 BGB gilt nach Ansicht des *BGH* folgende Linie: Die Rechtsprechung des BGH habe die bislang zu beobachtende Bankenpraxis gebilligt, nach der sich der Darlehensnehmer anhand von AGB Bestimmungen der sofortigen Zwangsvollstreckung in das belastete Grundstück, ergänzend oder hilfsweise, in sein gesamtes Vermögen, unterwirft. Dies gelte jedoch nur im Geschäftsverkehr mit der den Kredit einräumenden Bank, *nicht* aber für den Fall des „organisierten Weiterverkaufs der Kreditforderungen“ von Banken an Finanzinvestoren[293]. Diese

287 Hartmann, ZPO Kommentar, 69. Auflage, München 2011, § 799 a ZPO, Rn. 9.

288 Dass dies „kaum vorgekommen sein solle“, vermuten Wellenhofer, Das Recht der Sicherungsgrundschuld nach dem Risikobegrenzungsgesetz, JZ 2009, 1077(1080) und Sokolowski, Die Abtretbarkeit der Sicherungsgrundschuld nach der Neuregelung durch das Risikobegrenzungsgesetz, JR 2009, 309(310). Auch Hartmann vertritt die Ansicht, dass derjenige, „der seine fälligen Schulden pünktlich zahlt“, einen Gläubigerwechsel nicht zu befürchten habe; siehe Hartmann, ZPO Kommentar, 69. Auflage, München 2011, § 799 a ZPO, Rn. 2.

289 LG Hamburg NJW 2008, 2784(2784f.).

290 Vgl. auszugsweise AG Hamburg-Wandsbeck, datierend vom 21.07.2008 – Az.: 716 C / 83/08 und AG Hildesheim, datierend vom 11.08.2008 – Az.: 25 L 27/08.

291 Bales, Bisherige Rechtsunsicherheiten sind beseitigt. Aktuelle Rechtsfragen zum Verkauf notleidender Kredite, Betriebswirtschaftliche Blätter 2009, 223(232) und Schalast, Das Risikobegrenzungsgesetz – Konsequenzen für die Kreditvergabe und für Kredittransaktionen, BB 2008, 2190(2194).

292 BGH NJW 2009, 1887(1887f.).

293 BGH Beschluss vom 16.07.2007 – Az.: IXa ZB 326/03.

Rechtsprechungslinie hat der *Banksenat* des *BGH*[294] inzwischen wieder in eher verbraucherunfreundlicher Form wie folgt „nachgebessert“: Die formularmäßige Unterwerfung des Darlehensnehmers unter die sofortige Zwangsvollstreckung im Zusammenhang mit der notariellen Protokollierung der Sicherungsgrundschuld stelle auch dann *keine* unangemessenen Benachteiligung i. S. v. § 307 Abs. 1 S. 1 BGB dar, wenn die Bank die Darlehensforderungen nebst Grundschuld (Sicherheit) frei an beliebige Dritte, also auch an Finanzinvestoren (!), abtritt. Damit besteht jetzt die gewünschte Rechtssicherheit[295], wenn auch in eher verbraucherunfreundlichem Gewande. Beifall seitens der Kreditwirtschaft dürfte die genannte Entscheidung des BGH sicher erhalten haben.

2.9 Erleichterte Einstellung der Zwangsvollstreckung: § 769 Abs. 1 S. 2 ZPO

Grundsätzlich wird der Schuldner innerhalb des Erkenntnisverfahrens durch §§ 707, 719 ZPO davor geschützt, dass gegen ihn aus Titeln vollstreckt wird, welche noch nicht rechtskräftig sind. Innerhalb des Zwangsvollstreckungsverfahrens übernimmt diese Aufgabe § 769 ZPO, mit der die einstweilige Einstellung der Zwangsvollstreckung erreicht werden kann[296]. Wenn gem. § 769 Abs. 3 ZPO im Wege des Beschlusses[297] das Gericht darüber zu entscheiden hat, ob mit oder ohne Sicherheitsleistung die Zwangsvollstreckung einzustellen ist, kommt es seit dem *19.08.2008* nun auf folgende zwei Dinge an: Erstens muss die Klage des Vollstreckungsgläubigers hinreichend *Aussicht auf Erfolg* haben, und zweitens muss er *nicht in der finanziellen Lage* sein, selbst die *Sicherheitsleistung zu bewirken*. Eine Anfechtung des Beschlusses, der grundsätzlich zu begründen ist[298], durch den Gläubiger im Wege der sofortigen Beschwerde nach § 793 ZPO

---

294 Grundlegend insoweit BGH ZIP 2010, 27.

295 Zustimmend insoweit Rohe, nach dessen Ansicht wegen der Regelung des § 799 a ZPO nun jene AGB-Problematik vom Tisch sei; siehe Rohe, Anmerkungen zur Reform des Rechts der Immobilienfinanzierung, in: Grundmann u. a. (Hrsg.), Festschrift für Eberhard Schwark zum 70. Geburtstag, Unternehmensrecht zu Beginn des 21. Jahrhunderts, München 2009, S. 621. Kritisch demgegenüber Knops, Neuregelungen zum Kredithandel durch das Risikobegrenzungsgesetz: Kein großer Wurf, VuR 2009, 286(292).

296 Saenger-Kindl, ZPO Handkommentar, 4. Auflage, Baden-Baden 2011, § 769 ZPO, Rn. 1.

297 Der Beschluss ist schriftlich zu begründen, eine vorherige mündliche Verhandlung ist nicht zwingend erforderlich. Dies hebt insbesondere Kindl unter Verweis auf die Norm des § 129 Abs. 4 ZPO hervor; siehe Saenger-Kindl, ZPO Handkommentar, 4. Auflage, Baden-Baden 2011, § 769 ZPO, Rn. 5.

298 Hartmann, ZPO Kommentar, 69. Auflage, München 2011, § 769 ZPO, Rn. 6.

ist gem. § 707 Abs. 2 S. 2 ZPO analog ausgeschlossen[299]. Dennoch ist der Verbraucher schützende Gehalt auch dieser Neuregelung wenig umwerfend. Wie *Knops*[300] zutreffend ausführt, dürfte es den betroffenen Grundstückseigentümern zumeist an den Mitteln und am Mut fehlen, um sich ungerechtfertigter Zwangsvollstreckungsmaßnahmen bis hin zum BGH zu erwehren.

In Anbetracht der Einstellung des *BGH* zum Thema *„sofortige Unterwerfung in die Zwangsvollstreckung"* erscheint die Norm des § 769 Abs. 1 S. 2 ZPO den betroffenen Verbrauchern „eher Steine, denn Brot in die Hand zu geben". So muss der Antragsteller (Kreditnehmer) die besondere Dringlichkeit des § 769 Abs. 1 S. 2 ZPO *glaubhaft* machen gem. § 294 ZPO. Ein Wegzug des Antragsgegners reicht hierzu nicht aus[301]. Teils wird im Schrifttum den Gerichten angeraten, die Norm des § 769 ZPO eher restriktiv anzuwenden, weil die Vollstreckungsabwehrklage ein „beliebtes Hilfsmittel unter faulen Schuldnern" darstelle, wie *Hartmann*[302] ausdrücklich feststellt. Etwas besser sieht es bei der Norm des § 799 a ZPO aus. Wenigstens erstreckt sich die Schutzfunktion des § 799 a ZPO auch auf die Fälle der §§ 780, 781 BGB[303].

2.10 Abtretung von Forderungen aus Handelsgeschäften: § 354 a Abs. 2 HGB

Rechtsgeschäftlich vereinbarte Abtretungsverbote, welche beispielsweise Geldforderungen betreffen, scheiterten in der Vergangenheit an der Regelung des *§ 354 a HGB*, sofern diese sich auf Handelsgeschäfte bezogen hatten. Wegen des im August 2008 eingefügten zweiten Absatzes in § 354 a HGB gilt nunmehr, dass auch unter Kaufleuten ein Abtretungsausschluss wirksam vereinbart werden kann. Hierüber soll vor allem kleineren und mittleren Unternehmen geholfen werden, günstiger an Kredite zu kommen, da die Kreditwirtschaft auf Abtretungsverbote bislang mit Risikoaufschlägen in der Praxis zu reagieren pflegte[304]. Im Mittelpunkt des Reformzwecks stand 2008 deshalb der Erhalt der Kaufpreis-

299 BGH NJW-RR 2005, 1009(1010). Durch die Reform des § 769 ZPO dürfte sich daran nichts geändert haben; vgl. Saenger-Kindl, ZPO Handkommentar, 4. Auflage, Baden-Baden 2011, § 769 ZPO, Rn. 7.

300 Knops, Neuregelungen zum Kredithandel durch das Risikobegrenzungsgesetz: Kein großer Wurf, VuR 2009, 286(291).

301 Hartmann, ZPO Kommentar, 69. Auflage, München 2011, § 769 ZPO, Rn. 6 und Rn. 9.

302 Hartmann, ZPO Kommentar, 69. Auflage, München 2011, § 769 ZPO, Rn. 7.

303 Diese Ansicht vertritt zumindest Kindl; vgl. Saenger-Kindl, ZPO Handkommentar, 4. Auflage, Baden-Baden 2011, § 799 a ZPO, Rn. 5.

304 Gleicher Ansicht Schalast, Das Risikobegrenzungsgesetz – Konsequenzen für die Kreditvergabe und für Kredittransaktionen, BB 2008, 2190(2195).

forderung als Sicherungsgrundlage im kaufmännischen Produktions- und Vertriebsprozess[305]. Das ursprünglich im Bereich der Darlehensforderungen seitens der Bundesregierung 2008 noch in Erwägung gezogene generelle Abtretungsverbot sowie ähnliche weniger weit reichende Beschränkungen wurden letztlich nicht umgesetzt, was *Rohe*[306] mit Verweis auf das seiner Auffassung nach *„bislang international besonders wettbewerbsfähige Pfandbriefgeschäft"* begrüßt. Der Änderung des § 354 a HGB dürfte alles in allem damit eine eher untergeordnete verbraucherrechtliche Bedeutung zukommen[307].

Folgendes erscheint aber bemerkenswert: Nach dem Wortlaut des § 354 a HGB geht der Gesetzgeber anscheinend von der Abtretbarkeit der Darlehensforderungen durch die als Anstalt des öffentlichen Rechts intern organisierten Sparkassen aus. Die Bezugnahme auf ein Kreditinstitut im Sinne des KWG, zu denen auch die Sparkassen gehören, lasse einen Umkehrschluss dahingehend zu, dass auch öffentlich-rechtlich organisierte Sparkassen Darlehensforderungen grundsätzlich wirksam an Dritte abtreten können, soweit nicht einzelvertraglich ein Abtretungsverbot ausgehandelt worden ist, wie *Jaeger/Heinz*[308] darlegen.

305 Vgl. stellvertretend hierzu Rohe, Anmerkungen zur Reform des Rechts der Immobilienfinanzierung, in: Grundmann u. a. (Hrsg.), Festschrift für Eberhard Schwark zum 70. Geburtstag, Unternehmensrecht zu Beginn des 21. Jahrhunderts, München 2009, S. 613.

306 Rohe, Anmerkungen zur Reform des Rechts der Immobilienfinanzierung, in: Grundmann u. a. (Hrsg.), Festschrift für Eberhard Schwark zum 70. Geburtstag, Unternehmensrecht zu Beginn des 21. Jahrhunderts, München 2009, S. 614.

307 Derleder, Immobiliarkredit und kreditfinanzierte Fondsbeteiligungen, Kapitel II (§ 16), in: Derleder/Knops/Bamberger, Handbuch zum deutschen und europäischen Bankrecht, 2. Auflage, Berlin; Heidelberg 2009, S. 570, Rn. 62.

308 Jaeger/Heinz, Risikobegrenzungsgesetz untermauert Abtretbarkeit von Sparkassendarlehensforderungen, BKR 2009, 273(276).

5. Teil: Eigene Anmerkungen zum Verbraucher schützenden Gehalt der untersuchten ökonomischen und rechtlichen Maßnahmen und Ausblick

Während der Entstehungsphase des Risikobegrenzungsgesetzes wurden dem Gesetzgeber seitens der jeweils betroffenen Interessengruppen verschiedene Regelungsvorschläge unterbreitet. Es ist hier nicht das Anliegen, die eingereichten Entwürfe noch einmal ausführlich abbilden zu wollen[309]. Insgesamt betrachtet ist das, was letztlich Gesetzeskraft erlangt hat gegenüber dem, was in den Entwürfen an Vorschlägen eingebracht worden ist, von eher „bescheidener Güte". Nur auszugsweise seien die verbraucherpolitischen Forderungen des Bundesverbandes der Verbraucherzentralen e. V. erwähnt, die folgende vom Gesetzgeber nicht weiter verfolgten Vorschläge in die Diskussion einbrachten[310]: Angesprochen sind damit die *Verbote* betreffend erstens einer *Abtretung treuhänderischer Rechte* und zweitens *der sofortigen Unterwerfung unter die Zwangsvollstreckung* sowie drittens *der Abgabe eines abstrakten Schuldversprechens*. Viertens sollte der *Missbrauch von gegenüber den Verbrauchern erlangten Titeln und Sicherungsrechten*, welche primär zwecks Betreibung der Zwangsvollstreckung gegen die Verbraucher erworben worden waren, *unter Strafe gestellt werden*. Aus verbraucherpolitischer Sicht vertretbar, schienen jene Forderungen des Bundesverbandes der Verbraucherverbände dem Gesetzgeber von 2008 doch etwas zu weit zu gehen. Ebenso angemahnt und aus besagten rechts- und wirtschaftspolitischen Gründen nicht weiter verfolgt worden war die Streichung des § 490 Abs. 1 BGB, der eine Kündigung des Darlehens gestattet, wenn sich bereits (nur) die ökonomische Situation des Kreditnehmers oder auch (nur) der Wert seiner eingereichten Sicherheiten verschlechtert hat. Das Missbrauchspotential, welches die Norm des § 490 Abs. 1 BGB im Interesse des Darlehensgebers enthält, ist allerdings unverkennbar. Auch nach Verabschiedung des Risi-

309 Eine Kurzübersicht bietet Derleder, Immobiliarkredit und kreditfinanzierte Fondsbeteiligungen, Kapitel II (§ 16), in: Derleder/Knops/Bamberger, Handbuch zum deutschen und europäischen Bankrecht, 2. Auflage, Berlin; Heidelberg 2009, S. 566, Rn. 51.

310 Vgl. hierzu die kurze Stellungnahme von Rohe, der in wohl etwas überschwänglichem Ton die gesetzgeberischen Aktivitäten von 2008 mit dem Verweis auf „passgenaue Eingriffe" lobt (S. 622). Eine Sicht der Dinge, die in Anbetracht des tatsächlich Vollbrachten nicht durchgehend geteilt werden kann. Siehe aber Rohe, Anmerkungen zur Reform des Rechts der Immobilienfinanzierung, in: Grundmann u. a. (Hrsg.), Festschrift für Eberhard Schwark zum 70. Geburtstag, Unternehmensrecht zu Beginn des 21. Jahrhunderts, München 2009, S. 621f.

kobegrenzungsgesetzes hat der Kreditnehmer allenfalls etwas mehr Zeit, seine Verteidigung gegenüber dem Kreditgeber vorzubereiten[311]. Keine Berücksichtigung während des Gesetzesvorhabens fand die von der Opposition eingebrachte Forderung[312] einer Einräumung eines gesetzlichen Vorranges der Sanierung des Kreditnehmers vor dessen „Liquidation“. Die angemahnte Stärkung der Rolle der *BaFin* im Hinblick auf die mit Kreditverkäufen einher gehenden Gefahren für die Schuldner wurde ebenso nicht weiter verfolgt. Aufsichtsrechtliche Änderungen enthält das Risikobegrenzungsgesetz auch nicht. Kritisieren kann man ferner, dass sämtliche Neuregelungen, die vom Gedanken einer Stärkung des Verbraucherschutzes getragen sind, erst auf diejenigen Rechtsgeschäfte Anwendung finden, die nach Inkrafttreten des Risikobegrenzungsgesetzes zustande gekommen sind. Damit ist eine Kündigung von „Altverträgen“ nach wie vor möglich, ohne gegen die neu definierte „Kündigungsschwelle“ des § 498 Abs. 3 BGB zu verstoßen. Im Schrifttum wird das zu Recht kritisiert[313]. Eine Ausdehnung des § 1192 Abs. 1a BGB auf diejenigen Sachverhalte, in denen gegenüber dem Erwerber der Grundschuld widerleglich vermutet wird, dass im Fall dessen Erwerbs vor Inkrafttreten des § 1192 Abs. 1a BGB besagter Erwerber den Vertragsinhalt des Sicherungsvertrages gekannt habe, fand ebenso nicht statt[314]. Auch die schuldrechtsrelevanten Änderungen, bei denen das Risikobegrenzungsgesetz den Betroffenen Schadensersatzansprüche zubilligt, sind vom Umfang her gesehen nur schwach ausgeprägt und dürften für die Finanzdienstleistungsbranche keine allzu großen Probleme aufwerfen[315]. Im Hinblick auf die haftungsbegründende Kausalität und die Schadenshöhe besteht zudem Klärungsbedarf. Es wird wieder einmal Aufgabe der Rechtsprechung sein, gesetzgeberische Mängel beheben zu dürfen[316].

Insbesondere den Vertretern des sog. *„Bremer Entwurfes“*, *Derleder* und *Knops*, ging das Risikobegrenzungsgesetz in verbraucherpolitischer Hinsicht ebenfalls nicht weit genug. Ihnen ist insoweit zu zustimmen, als das Risikobegrenzungsgesetz eher den Eindruck „einer wenig aufeinander abgestimmten An-

311 Teigelack, Heuschrecken und Häuslebauer, Bucerius Law Journal 2008, 143(148).

312 Siehe hierzu BT-Drs. 16/9821, S. 3.

313 Stellvertretend Grziwotz, Risikogeschäft Grundschuld? Was Anwälte wissen sollten, AnwBl. 2008, 501(504) und Derleder, Immobiliarkredit und kreditfinanzierte Fondsbeteiligungen, Kapitel II (§ 16), in: Derleder/Knops/Bamberger, Handbuch zum deutschen und europäischen Bankrecht 2009, S. 569, Rn. 59.

314 Vgl. nur Vorwerk, Schutz in der Finanzkrise – welche Rechte hat der Verbraucher? NJW 2009, 1777(1780).

315 Teigelack, Heuschrecken und Häuslebauer, Bucerius Law Journal 2008, 143(148).

316 Schalast, Das Risikobegrenzungsgesetz – Konsequenzen für die Kreditvergabe und für Kredittransaktionen, BB 2008, 2190(2195).

sammlung von Vorschriften" vermittelt, die allesamt zwar vom gesetzgeberischen Wohlwollen dem Verbraucher gegenüber in dessen Eigenschaft als Kreditnehmer getragen sind, im Detail aber kaum zu einer Verbesserung dessen Situation führen dürften. Hierzu hätte man dem Finanzdienstleistungsgewerbe „doch etwas mehr auf den Fuß treten müssen". Gerade der Schutz vertragstreuer Kreditnehmer vor dem unberechtigten Zugriff Dritter ist dem Gesetzgeber nicht gelungen. Besagter *„Bremer Entwurf"*[317] forderte deshalb die *Einfügung eines zweiten Satzes in § 399 BGB* folgenden Inhalts:

> *„Es stellt eine Veränderung des Inhalts dar, wenn ein Kreditinstitut eine Forderung, die von der Sicherung durch ein Grundpfandrecht abhängig gemacht wird und bei der der Schuldner mit der Erfüllung nicht in Verzug ist, an einen Dritten abgetreten wird, der keiner Finanzdienstleistungsaufsicht unterliegt, die mit der Aufsicht über das abtretende Unternehmen vergleichbar ist."*

Angesprochen mit dem Bremer Änderungsvorschlag ist die Norm des § 399 1. Alt. BGB (Abtretungsausschluss), welche eingreift, wenn die Leistung ohne Änderung ihres Inhalts erfolgen kann. Die Normierung dieser Vorschrift würde dem im Vorentwurf zum Bürgerlichen Gesetzbuch als selbstverständlich angesehen Gedanken entsprechen, dass Forderungen, die an die Individualität eines bestimmten Schuldners anknüpfen, eben *nicht* übertragen werden dürfen[318]. Für den Immobiliarkredit trifft das genau zu. Es handelt sich um eine langfristige Vertragsbeziehung mit persönlichem Charakter und somit um ein Kontraktgut, bei dem das Vertrauen zwischen Kreditgeber und Kreditnehmer das Schuldverhältnis und dessen Abwicklung maßgeblich mitbestimmt. Deshalb passt hier auch nicht der so gerne von den Beratungsunternehmen und deren Auftraggebern in der Werbung verwandte Begriff des *„Finanzproduktes"*, wie auch *Knops*[319] zutreffend anmerkt. Über die Norm des § 412 BGB würde die im *„Bremer Entwurf"* unterbreitete Beschränkung sich auch auf die Frage der Gesamtrechtsnachfolge, was die Umwandlungsvorgänge betrifft, hin erstrecken.

---

317 An dieser Stelle wird Bezug genommen auf den Bremer Entwurf eines Gesetzes zum Schutz von Immobiliarkreditnehmern (Immobiliarkreditnehmerschutzgesetz), VuR 2008, 241(241ff.).

318 Nochmals wird im Hinblick auf die relevanten Einzelheiten auf den „Bremer Entwurf" verwiesen; vgl. Bremer Entwurf eines Gesetzes zum Schutz von Immobiliarkreditnehmern (Immobiliarkreditnehmerschutzgesetz), VuR 2008, 241(250).

319 Knops, Neuregelungen zum Kredithandel durch das Risikobegrenzungsgesetz: Kein großer Wurf, VuR 2009, 286(293).

Folglich könnte die Vorschrift durch das Ausweichen auf andere Kredittransaktionsarten nicht umgangen werden.

Bleibt es bei der jetzigen Fassung des § 490 BGB, besteht die Gefahr eines weiteren Ausdifferenzierens des Immobiliardarlehensvertrages. Auch hier besteht Änderungsbedarf. Diesbezüglich schlagen die Vertreter des *„Bremer Entwurfs"* vor, die Normen des *§§ 490 a, 490 b BGB* folgenden Inhalts in das BGB einzufügen: In *§ 490 a BGB n. F.* soll außer den bereits schon bestehenden Informationspflichten vor allem der *Sicherungsvertrag normiert werden.* Dies soll einschließlich der vorgeschriebenen Schriftform und des Wahlrechts des Kreditnehmers gelten, egal ob die Sicherung nur für das konkrete Darlehen (sog. „Anlasskredit") oder auch für alle anderen gegenwärtigen und zukünftigen Forderungen eingeräumt werden soll.

Zudem wäre mit *§ 490 b BGB n. F.* eine weitere Vorschrift von Bedeutung in das BGB einzufügen gewesen. Mit dieser war beabsichtigt, die *gesamte fällig Stellung und Kündigung von Darlehen* zu regeln, die Verbrauchern gegenüber gewährt werden. Dabei soll dem Kreditnehmer zur Wahrung dessen Vertragspartnerwahlfreiheit ein *außerordentliches Kündigungsrecht* ohne Verpflichtung zur Zahlung einer Vorfälligkeitsentschädigung zustehen, falls der Neugläubiger erstens keiner Finanzdienstleistungsaufsicht unterliegt, zweitens seine Treue- oder Vertragspflichten gegenüber dem Darlehensnehmer (Sicherungsgeber) erheblich und nachhaltig verletzt beziehungsweise drittens besondere wirtschaftliche Interessen des Darlehensnehmers missachtet hat. Mit dieser seitens der Vertreter des *„Bremer Entwurfs"* vorgeschlagenen Änderungen des Immobiliardarlehensvertrages würden sodann die durch das Risikobegrenzungsgesetz eingefügten §§ 492 Abs. 1a S. 2, 498 Abs. 3 BGB überflüssig und könnten gestrichen werden.

Weiterhin besteht Reformbedarf im Hinblick auf die Norm des § 781 BGB. Um den Kreditnehmer und Sicherungsgeber besser schützen zu können, gilt es in § 781 BGB einen zweitens Satz einzufügen. Diesem zufolge soll der Gläubiger verpflichtet werden, dem Schuldner vor Einleitung der Zwangsvollstreckung eine Abrechnung über das Kreditverhältnis zu präsentieren. Deren Notwendigkeit begründet sich wie folgt: Die formularmäßige Unterwerfung unter die Zwangsvollstreckung gibt dem Gläubiger einen Titel mit an die Hand, den dieser sofort verwerten kann. Und dies gilt ungeachtet aller bislang geleisteten Zins- und Tilgungsleistungen seitens des Schuldners, da der Titel auf die volle Schuldsumme ausgestellt wird. Weil die Berechtigung der Schuldhöhe sowie der sicherungsvertragsrechtlichen Details in der Vollstreckungspraxis nicht mehr im Einzelnen vom Vollstreckungsorgan überprüft wurden, kam es in der Vergangenheit hier zu Missbrauchsfällen.

Zudem sollte das BGB dahingehend ergänzt werden, dass das akzessorische Grundpfandrecht Hypothek der nicht akzessorischen Sicherungsgrundschuld insoweit gleichgestellt wird, als die Einreden aus dem Sicherungsvertrag auch gegenüber dem Neugläubiger erfolgreich geltend gemacht werden können. Dies hätte ebenso für den Ausschluss jenes Einrede freien gutgläubigen Erwerbs durch den letzten Gläubiger innerhalb der Kette zu gelten.

Die Vertreter des *„Bremer Entwurfs"* forderten ferner die Einfügung eines zweiten Satzes innerhalb der Norm des § 794 Abs. 1 Nr. 5 ZPO. Für die Vollstreckung in das bewegliche Vermögen des Schuldners (Kreditnehmers) wird mit jenem Satz ein berechtigtes Interesse seitens des Vollstreckungsgläubigers verlangt.

Eben jener *„Bremer Reformansatz"* fand beim Gesetzgeber keine Beachtung. Es sind weder Anreize zur Wahrung der bestehenden „Langfristkreditkultur" in Deutschland durch die Kreditinstitute noch die Voraussetzungen zur Entfaltung der „abschreckenden Wirkung" der vorgesehenen Sanktionen geschaffen worden. Der Vertrauensverlust, den die Kreditwirtschaft in den letzten Jahren bei den privaten Kreditnehmern (Verbrauchern) erlitten hat, steht in keinem Verhältnis zu dem seitens der Kreditanbieter eingeforderten Vertrauen, welches der Kreditnachfrager den Erstgenannten gegenüber aufzubringen hat. Es stellt sich deshalb durchaus die Frage, ob der Gesetzgeber durch die Neuregelungen die Lage der Kreditnehmer verbessern oder der Kreditwirtschaft durch jene Regelungen „nicht so sehr schaden wollte". Schließlich geht es nicht allein um die Stärkung der Rechte der Kreditnachfrager, sondern um die Korrektur eines Marktversagens, welches auch durch vorvertragliche asymmetrische Information und opportunistisches Anbieterverhalten begünstigt worden ist. Ein weitgehender Verzicht auf eine Finanzmarktregulierung, hier verstanden im Sinne eines „weiter so wie vor 2007", erscheint der falsche Weg zu sein. Schließlich lässt sich die Finanzmarktkrise von 2007/2008 nicht nur auf die Geschehnisse auf dem amerikanischen Hypothekenmarkt zurückführen[320].

320 In diese Richtung tendiert jedoch Kübler, der eine gesetzliche Beschränkung der Mehrfachverbriefung von Forderungen letztlich ablehnt; siehe Kübler, Die Krise der amerikanischen Hypothekenverbriefungen - Ursachen und Herausforderungen, in: Grundmann u. a. (Hrsg.), Festschrift für Eberhard Schwark zum 70. Geburtstag, Unternehmensrecht zu Beginn des 21. Jahrhunderts, München 2009, S. 508f. Gegen diese Sichtweise votieren einerseits Roubini/Mihm, Das Ende der Weltwirtschaft und ihre Zukunft, Frankfurt am Main 2010, S. 90f. und aus wirtschaftstheoretischer Sicht andererseits Erlei, Die Wirtschaftskrise im Widerstreit der Lager, WiSt 2011, 130(134).

Aber auch eine sog. „Hochregulierung“ des Finanzsektors birgt Gefahren in sich. Exemplarisch hierfür stehen die Eigenkapital-Standards von *„Basel III“*[321], kraft derer die Gefahr einer erneuten Risikoauslagerung auf den *„Schattenbankenmarkt“* besteht. In der Tat ist die Suche nach praktikablen „Umgehungsstrategien“ im Hinblick auf „Basel III“ seitens der Finanzinstitute schon seit längerem eröffnet. Das liegt an folgendem:

Verglichen mit dem Eigenkapital-Standard von „Basel II“ ist bei einer Umsetzung von „Basel III“ durch die Banken nach *Sanio*[322] mit folgenden Verschärfungen zu rechnen: Zunächst hat sich das anrechnungsfähige Eigenkapital mit der neuen Definition erheblich reduziert. Des Weiteren wurden die Eigenkapitalanforderungen mit „Basel III“ von ursprünglich 2% auf 7% aufgestockt. Hinzu kommt noch ein antizyklisch ausgerichteter Kapitalzuschlag von maximal 2,5%, der bei sog. „systemrelevanten Finanzinstituten“ mit einem Zuschlag von weiteren 2% hartem Kernkapital zu hinterlegen ist[323]. Das auf Seiten der Institute mit „Basel III“ benötigte Kapital dürfte gerade wegen jener Einschränkungen weltweit von erheblichem Umfang sein. Folglich geraten die Finanzinstitute unter Handlungsdruck. So sind jetzt schon wieder jene Geschäftsfelder für den Bankensektor attraktiv, auf denen es keine Eigenkapitalunterlegung bei existierenden Risiken gibt. Diese findet man auf dem sog. „Schattenbankenmarkt“, welcher der Bankenaufsicht weitgehend bis völlig entzogen ist. In der Tat werden jene wegen „Basel III“ als unrentabel geltende Geschäftsbereiche von den Instituten an Investoren ausgelagert, wenn möglich dabei verkauft. Risiken in Milliardenhöhe werden nach Auskunft von Insidern bereits wieder mit Hilfe von Hedgefonds oder Private-Equity-Gesellschaften an der Bankenaufsicht vorbei

---

321 Einen guten Kurzüberblick bietet hier die Broschüre der Deutschen Bundesbank (Hrsg.), Basel III – Leitfaden zu den neuen Eigenkapital- und Liquiditätsregeln für Banken, Frankfurt am Main 2011, S. 7ff. Aus Bankensicht werden die im Dezember 2010 veröffentlichten Vorgaben des Baseler Ausschusses zur Liquiditäts- und Eigenkapitalausstattung der Banken nicht uneingeschränkt begrüßt. Ein erstes Statement hierzu bietet der Bundesverband deutscher Banken (Hrsg.), Übersicht über aktuelle Vorhaben im Bereich der Finanzmarktregulierung, Arbeitspapier (Stand Juni 2011), Berlin 2011, S. 7f.

322 Stellvertretend hierfür wird auf den Beitrag des Präsidenten der Bundesanstalt für Finanzdienstleistungsaufsicht, Sanio, verwiesen, der zutreffend darlegt, dass die Marktteilnehmer inzwischen wieder dabei sind, die regulatorischen Schwachstellen des Bankensystems auszunutzen; siehe Sanio, Die Zukunftssorgen der Vorwegnehmer, Die Bank 4/2011, 36(38-40).

323 Zu den Einzelheiten siehe Deutschen Bundesbank (Hrsg.), Basel III – Leitfaden zu den neuen Eigenkapital- und Liquiditätsregeln für Banken, Frankfurt am Main 2011, S. 26f.

geschoben, wie *Katzensteiner/Papendick*[324] darlegen. Auch der *Bundesverband deutscher Banken*[325] erkennt die zunehmende praktische Bedeutung des Schattenbankenmarktes innerhalb des Bankensystems an und spricht sich für begrenzte regulatorische Vorhaben seitens der Finanzaufsicht aus.

Im dritten Abschnitt ist hierauf deutlich hingewiesen worden, welche Gefahren den Verbrauchern insbesondere bei Glaubensgütern beziehungsweise Kontraktgütern drohen können. Eben jene Gefahren hatten sich für die privaten Kreditnehmer, die sich im Regelfall in der Konsumentenrolle befanden, im Zusammenhang mit der Finanzmarktkrise 2007/2008 real verwirklicht. Letztlich kam besagte Entwicklung nicht überraschend.

Aus institutionenökonomischer Sicht bleibt als weitere Erkenntnis festzuhalten, dass Informationsasymmetrien vor allem dann anhand vorvertraglicher Aufklärungs-, Beratungs- und Informationspflichten kaum abgebaut werden können, wenn es sich bei den vertraglich geschuldeten Leistungen um *Glaubensgüter* beziehungsweise um *Kontraktgüter* handelt. In beiden Fällen kann von der Abnehmerseite aus betrachtet - angesprochen sind hier die privaten Kreditnehmer - häufig sogar noch nach Vertragsende die Qualität - und damit auch das Preis-Leistungsverhältnis - des Angebots nur sehr einschränkend beurteilt werden. Damit gewinnen *Kognitionen*, hier verstanden als sog. „subjektiv ausgerichtetes Wissen"[326], anstelle „echter" Informationen seitens der Nachfrager für die Vertragseingehungsentscheidung an Relevanz. Gerade besagtes Abstellen auf „interpretierte Informationen" bietet der Anbieterseite einen „idealen Nährboden", wenn es darum geht, die Vertragseingehungsentscheidung der Nachfrageseite entsprechend zu beeinflussen. Jene auf eine bessere Informiertheit der Verbraucher angelegten Strategien des EU-Richtliniengesetzgeber und des deutschen Gesetzgebers stehen bereits seit längerem in der Kritik, wie *Be-*

---

324 Siehe Katzensteiner/Papendick, Kasino Fatal, Manager Magazin 4/2011, 30(32), nach deren Aussage der „Schattenbankenmarkt" allein in den USA ein Kreditvolumen von ca. 16 Billionen Dollar aufweisen soll. Im Ergebnis ähnlich Sanio, Die Zukunftssorgen der Vorwegnehmer, Die Bank 4/2011, 36(39f.). Kritisch äußert sich insoweit auch die Deutsche Bundesbank im Rahmen ihres Ausblicks, wo darauf hingewiesen wird, dass „der Gedanke der Nachhaltigkeit auch im Bereich der Finanzmärkte (fester) zu verankern sei". Siehe Deutsche Bundesbank (Hrsg.), Basel III – Leitfaden zu den neuen Eigenkapital- und Liquiditätsregeln für Banken, Frankfurt am Main 2011, S. 38.

325 Bundesverband deutscher Banken (Hrsg.), Übersicht über aktuelle Vorhaben im Bereich der Finanzmarktregulierung, Arbeitspapier (Stand Juni 2011), Berlin 2011, S. 12.

326 Zu den Kognitionen gehören insbesondere subjektiv von den Konsumenten bewertete Angebotsmerkmale, wie Preis-Qualitätsbeziehungen etc.; vgl. Berens, Fremdbestimmung des Konsumenten bei Vertragsanbahnung insbesondere durch Irreführung – Zivilrechtswissenschaftliche und marketingwissenschaftliche Analysen und Schutzbehelfe, Frankfurt am Main, Berlin; Bern; New York, Paris; Wien 1998, S. 95.

rens[327] betont. Jene marktwirtschaftlich-liberal ausgerichtete Vorgehensweise dürfte allenfalls *bei Suchgütern* etwas bewirken[328]. Inwieweit selbst dieses eher „bescheidene Ergebnis" unter verhaltenswissenschaftlichen Verbraucherschutzaspekten dann noch Gültigkeit besitzt, steht auf einem anderen Blatt. Ein weiteres Manko der nationalen Verbraucherpolitik besteht ferner darin, dass bislang eine weitgehend Empirie arme Forschung betrieben wird, weil man kaum über verbrauchsbezogene Daten verfügt, die prozessorientiert ermittelt worden sind. Die amtliche Statistik und deren Erhebungsmethoden helfen einem hier nur bedingt weiter.

Anders als die im Jahre 2010 in deutsches Recht umgesetzte Verbraucherkreditrichtlinie 2008, hatte das Risikobegrenzungsgesetz von 2008 keinen mitgliedsstaatlichen Impulsgeber. Wäre anderenfalls für die Kreditnehmer ein höheres Schutzniveau zu erwarten gewesen? Vermutlich nicht. Denn des *EU-Richtliniengesetzgebers* liebstes Kind ist die Verbesserung nationaler Verbraucherschutzstandards durch *„Rechtsharmonisierung"*, wofür synonym auch von *„Rechtsangleichung"* gesprochen werden kann. Betroffen sind das europäische Verfassungsrecht, Privatrecht, Vertragsrecht, Prozessrecht sowie auch das europäische Verbraucherprivatrecht. Das wirft die Frage auf, was für ein Prinzip sich eigentlich hinter der Rechtsangleichung der verschiedenen nationalen Rechtsordnungen verbirgt. Die normativen Grundlagen des europäischen Verbraucherprivatrechts findet man beispielsweise in Art. 3 EUV und in Art. 4 Abs. 2 lit. f) AEUV. Zwischenzeitlich ist das Rechtsgebiet des Verbraucherrechts weitgehend zum europäischen Sonderprivatrecht mutiert, dessen wichtigster Impulsgeber ohne Frage der EU-Richtliniengesetzgeber ist. Leider sind mit dessen Aktivitäten seit neuerem auch einige Zweifelsfragen aufgetaucht, die hier nur kurz skizziert werden sollen.

Bei *Richtlinien* erwartet man einen gewissen *„Richtlinienstil"*. Dieser besteht in der Vorgabe weiter Beurteilungsmaßstäbe, die nicht durch abgegrenzte Tatbestandsmerkmale bestimmt sind und daher wegen Art. 288 AEUV einer nationalen Umsetzung bedürfen. Bei diesem Akt besteht für den Gesetzgeber des Mitgliedstaats demnach noch ein Handlungsspielraum. Die tatsächliche Erscheinungsform einer Richtlinie ist neuerdings eher eine andere. Soweit der Bereich des Verbraucherschutzes tangiert ist, geht der „Richtlinienstil" erstaunlicherweise tendenziell in Richtung *EU-Verordnung*. Die Richtlinienvorgabe an den nati-

327 Berens, Preismanagementstrategien im B2C-Bereich in Deutschland und Konsumverhalten – der Versuch einer kritischen Bestandsaufnahme aus verbraucherpolitischer Sicht, in: Huck (Hrsg.), Europäisches und chinesisches Verbraucherschutzrecht im Fokus, Hamburg 2011, 95(96) sowie ebenda, 95(116f.).

328 Im Ergebnis ähnlich Oehler, Zur ganzheitlichen Konzeption des Verbraucherschutzes – eine ökonomische Perspektive, VuR 2006, 294(298).

onalen Gesetzgeber weist mithin eine erhebliche „Regelungsdichte“ auf. Dessen Handlungsspielräume reduzieren sich daraufhin automatisch, worauf bereits *Micklitz*[329] hingewiesen hat. Für diese Entwicklung stehen exemplarisch die EU-Richtlinien zum Verbrauchsgüterkauf und zum Fernabsatz. Normalerweise ist aber nur vom „Prinzip der Mindestharmonisierung“ auszugehen und nicht von dem der „Vollharmonisierung“. Wie sich letzteres mit dem sog. *„Subsidiaritätsprinzip“* des Art. 5 EUV verträgt, erscheint klärungsbedürftig. Sorge bereitet weiterhin die Art und Weise, wie die „Rechtsharmonisierung“ durch EU-Richtlinien vollzogen werden soll.

Aber lassen sich eher stark heterogene Privatrechtsordnungen der Mitgliedstaaten über EU-Richtlinien wirklich „angleichen“? Lange Zeit galt es im Wege der „Mindestharmonisierung“ den sog. „kleinsten gemeinsamen Nenner“ zu finden, was gewöhnlich über die Erfüllung gesetzlicher „Mindeststandards“ auf der jeweiligen nationalen Ebene durchzusetzen war. Demgegenüber herrscht jetzt beim EU-Richtliniengesetzgeber eher die Vorstellung vor, man müsse den nationalen Gesetzgeber durch *„punktgenaue Umsetzung“ verbindlicher Direktiven zur „Vollharmonisierung“ bewegen.* Das aber lässt sehr schnell die Grenzen zwischen EU-Verordnungen und EU-Richtlinien im Rahmen des Art. 288 AEUV verschwinden. Mancher in den Jahren zuvor seitens der Mitgliedstaaten zu beobachtende eher „laxe Umgang“ mit EU-Richtlinienvorgaben scheint den Sinneswandel des „europäischen Gesetzgebers“ mitgeprägt zu haben. Dafür kann man Verständnis haben, aber „EU-vertragskonform“ ist das jedenfalls nicht. Zudem wird das sich im Aufbau befindende europäische Verbraucherprivatrecht durch die Rechtsprechung des *EuGH* beeinflusst. Hier gilt als „Daumenregel“: Je weiter der mit der EU-Richtlinie einher gehende nationale gesetzgeberische Handlungsspielraum ist, desto öfter wird über die Einleitung des sog. „Vorabentscheidungsverfahrens“ gem. Art. 267 AEUV die Hilfe des EuGH in Anspruch genommen. In Zeiten noch „klassischer“ EU-Richtlinienvorgaben hat dies zu einer umfangreichen Rechtsprechung des EuGH in Verbraucherschutzsachen geführt. Eben jenes „Vorabentscheidungsverfahren“ wurde gerade in den 90ér Jahren zur regelrechten „rechtspolitischen Reparaturwerkstatt“ der Gemeinschaft. Ob der EuGH als weiterer „Harmonisierungsaufgabenträger“ fungieren sollte, ist tendenziell abzulehnen. Wegen der immer mehr zunehmenden *„EU-Richtlinienflut“* bei gleichzeitig wachsender *„Richtliniendetailgetreue“* droht nunmehr gerade der deutsche Gesetzgeber seiner Aufgabe nicht mehr gewachsen zu sein. Immer mehr „Einzelfallgesichtspunkte“ finden Eingang in die umzusetzenden EU-Richtlinien. Anstelle generalklauselartig abgefasster Tatbe-

329 Micklitz, Zur Notwendigkeit eines neuen Konzepts für die Fortentwicklung des Verbraucherrechts, VuR 2003, 2(2f.).

standsmerkmale sind nun völlig durchstrukturierte „Richtlinienkataloge" in deutsches Recht zu verankern. Hält sich der nationale - hier also der deutsche - Gesetzgeber nicht an die Direktiven aus Brüssel, drohen Sanktionen wegen gemeinschaftswidrigen Verhaltens. Um das zu verhindern, fühlt sich der deutsche Gesetzgeber immer mehr zu einer sog. „1:1 Umsetzungsstrategie" genötigt. Die vielgerühmte „deutsche Gesetzgebungskunst" bleibt damit natürlich auf der Strecke.

Wohin all das im Ergebnis führen kann, belegt leider nur zu deutlich die deutsche Schuldrechtsreform von 2002, der sich bereits gut ein halbes Jahr später die „erste Reform der Reform" anschloss. Als Beispiel für „mangelnde Gesetzgebungskunst" sei nur auf die wenig gelungene Regelung der Verbraucher- und Unternehmereigenschaft gem. §§ 13, 14 BGB hingewiesen, welche auch die „Reform der Reform" unbeschadet überlebt hat. Indem kraft Direktiven, die rechtstechnisch gesehen eine erhebliche Nähe zu EU-Verordnungen aufweisen, ein einheitliches, europäisches Verbraucherprivatrecht geschaffen werden soll, wird den unterschiedlichen soziokulturellen Vorprägungen der jeweiligen Mitgliedstaaten in Bezug auf deren Rechtsordnungen kaum nennenswerte Beachtung geschenkt. Fast möchte man sagen: Eine seitens des deutschen Gesetzgebers kraft „Resignation" verfolgte „1:1 Umsetzungsstrategie" bei EU-Richtlinienvorgaben kann nicht der Lösungsweg sein. So wird „Rechtsangleichung" nicht zum Prinzip, sondern schlicht zur europäischen „Rechtstextangleichung". Deutsche Verbraucherpolitik wurde in den letzten 30 Jahren konzeptionell als notwendige Ergänzung der Wettbewerbspolitik verstanden[330]. Ein wesentliches Element einer am Wettbewerb ausgerichteten Wirtschaftspolitik und Verbraucherpolitik besteht im Vorhandensein einer *konstituierten Wettbewerbsordnung*. Hierzu gehören ein funktionsfähiges Preissystem, vollständige Konkurrenz, währungspolitische Stabilität, offene Märkte, Privateigentum, Vertragsfreiheit und Konstanz in der Wirtschaftspolitik. Um das zu realisieren, bedarf es in Anlehnung an „physiokratischen Gedankengutes" eines *„starken Gesetzgebers"(!)*, der unbeschadet der Einreden mächtiger Lobbyisten Kurs hält. Genau hier tauchen erhebliche Bedenken auf, ob der deutsche Gesetzgeber in der Lage sein wird, die ihm von wettbewerbspolitischer und verbraucherpolitischer Seite aus zugewiesenen Aufgaben in nächster Zeit erfüllen zu können. Die kritischen Ausführungen zum deutschen Krisenmanagement, was die Kreditnehmerproblematik im Allgemeinen und zum Risikobegrenzungsgesetz im Besonderen betrifft lassen deutlich erkennen, dass sich der deutsche Gesetzgeber in naher Zu-

330 Einen ersten Überblick nebst der entsprechenden wirtschaftstheoretischen Einordnung jener Vorschläge bietet Mitropoulos; vgl. Mitropoulos, Verbraucherpolitik in der Marktwirtschaft, Berlin 1997, S. 17, dort zusammengestellt in Abb. 2.

kunft noch erheblich mehr wird anstrengen müssen, möchte er die ihm zugedachte Aufgabe innerhalb der sozialen Marktwirtschaft wirksam erfüllen.

Literaturverzeichnis

Adams, M. Wirtschaftskrise, Vergütungssysteme und nachhaltige Unternehmensentwicklung, ifo Schnelldienst 9/2009, 22 ( )

Adler, J. Eine informationsökonomische Perspektive des Kaufverhaltens, WiSt 1998, 341( )

Ahlheim, M. / Zahn, A. Versagt die Verbraucherpolitik? Versuch einer Antwort aus wohlfahrtsökonomischer Sicht, Wirtschaftsdienst 2011, 155 ( )

Althammer, J. Die Finanzkrise im Licht der Sozialen Marktwirtschaft, Zeitschrift für Politische Bildung 3/2009, 30 ( )

Altmann, J. Wirtschaftspolitik, 8. Auflage, Stuttgart 2007

Bales, K. Bisherige Rechtsunsicherheiten sind beseitigt. Aktuelle Rechtsfragen zum Verkauf notleidender Kredite, Betriebswirtschaftliche Blätter 2009, 223 ( )

Bank für Internationalen Zahlungsausgleich (Hrsg.) Jahresberichte 2006 bis 2009

Baßeler, U. / Heinrich, J. / Utecht, B. Grundlagen und Probleme der Volkswirtschaft, 19. Auflage, Stuttgart 2010

Becker, H.-P. / Peppmeier, A. Bankbetriebslehre, 7. Auflage, Ludwigshafen 2008

Beike, R. / Schlütz, J. Finanznachrichten lesen – verstehen - nutzen, 3. Auflage, Stuttgart 2001

Berens, R. Fremdbestimmung des Konsumenten bei der Vertragsanbahnung insbesondere durch Irreführung – Zivilrechtswissenschaftliche und marketingwissenschaftliche Analysen und Schutzbehelfe, Frankfurt am Main; Berlin; Bern; New York; Paris; Wien 1998

Berens, R. Preismanagementstrategien im B2C-Bereich in Deutschland und Konsumverhalten – der Versuch einer kritischen Bestandsaufnahme aus verbraucherpolitischer Sicht, in: Huck (Hrsg.), Europäisches und chinesisches Verbraucherschutzrecht im Fokus, Hamburg 2011, 95 ( )

Blanchard, O. / Illing, G. Makroökonomie, 5. Auflage, München 2009

Bredow, G. / Vogel, H.-G. Kreditverkäufe in der Praxis – Missbrauchsfälle und aktuelle Reformansätze, BKR 2008, 271 ( )

Bremer Entwurf (Hrsg.) Bremer Entwurf eines Gesetzes zum Schutz von Immobiliarkreditnehmern (Immobiliarkreditnehmerschutzgesetz), VuR 2008, 241 ( )

Brümmerhoff, D. Finanzwissenschaft, 9. Auflage, München; Wien 2007

Bundesverband deutscher Banken (Hrsg.) Übersicht über aktuelle Vorhaben im Bereich der Finanzmarktregulierung, Arbeitspapier (Stand Juni 2011), Berlin 2011

Carstensen, K. u.a. ifo Konjunkturprognose 2009/2010: Abschwung setzt sich fort, in: ifo Schnelldienst 12/2009, 11 ( )

Carstensen, K. u.a. ifo Konjunkturprognose 2009/2010: Deutsche Wirtschaft ohne Dynamik, in: ifo Schnelldienst 24/2009, 17 ( )

Clement, R. / Terlau, W. / Kiy, M. Grundlagen der Angewandten Makroökonomie – Eine Verbindung von Makroökonomie und Wirtschaftspolitik mit Fallbeispielen, 4. Auflage, München 2006

Däke, K.-H. Zweifelhafte Konjunkturhilfen, riesige Schulden, WISU 2009, 149 ( )

Derleder, P. Das Outsourcing notleidender Bankkredite und seine rechtlichen Grenzen, VuR 2007, 81 ( )

Derleder, P. Immobiliarkredit und kreditfinanzierte Fondsbeteiligungen, Kapitel II (§ 16), in: Derleder / Knops / Bamberger (Hrsg.), Handbuch zum deutschen und europäischen Bankrecht, 2. Auflage, Berlin; Heidelberg 2009

Deutsche Bundesbank (Hrsg.) Basel III – Leitfaden zu den neuen Eigenkapital- und Liquiditätsregeln für Banken, Frankfurt am Main 2011

Eisend, M. Zweiseitige Botschaften in der Marketingkommunikation – Ein Überblick und Ausblick zu Theorie und Forschung, ZfB 2008, 307 ( )

Enste, D. Die Krise: Ethik und Vertrauen, WISU 2009, 808 ( )

Erlei, M. Die Wirtschaftskrise im Widerstreit der Lager, WiSt 2011, 130 ( )

Erlei, M. / Leschke, M. / Sauerland, D. Neue Institutionenökonomik, 2. Auflage, Stuttgart 2007

Fendel, R. / Frenkel, M. Die Subprime-Krise 2007/2008: Ursache, Auswirkungen und Lehren, WiSt 2009, 78 ( )

Fender, I. / Mitchell, J. Strukturierte Finanzierungen: Komplexität, Risiken und die Rolle von Ratings, in: Quartalsbericht der BIZ, datierend vom Juni 2005, 77 ( )

Franke, G. / Hax, H. Finanzwirtschaft des Unternehmens und Kapitalmarkt, 5. Auflage, Berlin; Heidelberg; New York 2004

Franke, G. / /Krahnen, J. Instabile Finanzmärkte, PWP 2009, 335 ( )

Fuhrmann, S. Das Bankgeheimnis als Abtretungsverbot, Frankfurt am Main; Berlin; Bern; New York; Paris; Wien 2009

Grunewald, B. / Peifer, K.-N. Verbraucherschutz im Zivilrecht, Heidelberg; Dordrecht; London; New York 2010

Grziwotz, H., Risikogeschäft Grundschuld? Was Anwälte wissen sollten, AnwBl. 2008, 501 ( )

Hagedorn, D. Die Subprime-Krise und ihre Folgen – Turbulenzen an den Finanzmärkten, Die Bank 12/2007, 20 ( )

Hain, C. / Kenning, P. / Lehmann-Waffenschmidt, M. Neuroökonomie und Neuromarketing, WiSt 2007, 501 ( )

Hartmann, P. Beck´sche Kurz-Kommentare Band 1, Zivilprozessordnung, 69. Auflage, München 2011

Hausner, K.-H. Die Abkühlung der Weltwirtschaft durch die Finanzkrise, WiSt 2009, 40 ( )

Hellerforth, M. Die globale Finanzmarktkrise - Ursachen und Auswirkungen auf die Immobilien- und Realwirtschaft, Hamburg 2009

Hinze, J. Chancen für eine Fortsetzung des Aufschwungs, Wirtschaftsdienst 2011, 71 ( )

Illing, G. / Klüh, U. Vermögenspreise und Konsum: Neue Erkenntnisse, amerikanische Erfahrungen und europäische Herausforderungen, PWP 2005, 1 ( )

Institut für Finanzdienstleistungen (Hrsg.) Konferenz Reader zur Tagung „Finanzdienstleister und Verbraucherschutz – zwei Welten?“ Hamburg 2./3. Juli 2010

Issing, O. Kommunikation, Transparenz, Rechenschaft – Geldpolitik im 21. Jahrhundert, PWP 2005, 521 ( )

Jaeger, G. / Heinz, A. Risikobegrenzungsgesetz untermauert Abtretbarkeit von Sparkassendarlehensforderungen, BKR 2009, 273 ( )

Katzensteiner, Th. / Papendick, U. Kasino Fatal, Manager Magazin 4/2011, 30 ( )

Knops, K.-O. Neuregelungen zum Kredithandel durch das Risikobegrenzungsgesetz: Kein großer Wurf, VuR 2009, 286 ( )

Knops, K.-O. / Knobloch, M. / Dübel, H.-J. / Reifner, U. Erwerb von Kreditforderungen durch Private Equity Unternehmen: Mögliche Gefahren für Verbraucher, Institut für Finanzdienstleistungen e. V., Studie im Auftrag des Bundesverbandes der Verbraucherzentralen e. V. 2007

Kohlert, D. / Oehler, A. Scheitern Finanzdienstleistungen am Verbraucher? Eine theoretische Analyse rationalen Verbraucherverhaltens im Rahmen des Anlageberatungsprozesses, Vierteljahreshefte zur Wirtschaftsforschung (DIW), Berlin 2009, 81 ( ).

Krahnen, J. Der Handel von Kreditrisiken: Eine neue Dimension des Kapitalmarktes, PWP 2005, 499 ( )

Krause-Junk, G. Moral und Gesetz - einige Anmerkungen zu Volker Arnold, PWP 2010, 99 ( )

Kroeber-Riel, W. / Weinberg, P. / Gröppel-Klein, A. Konsumentenverhalten, 9. Auflage, München 2008

Kübler, F. Die Krise der amerikanischen Hypothekenverbriefungen - Ursachen und Herausforderungen, in: Grundmann u. a. (Hrsg.), Festschrift für Eberhard Schwark zum 70. Geburtstag, Unternehmensrecht zu Beginn des 21. Jahrhunderts, München 2009, S. 499 ff.

Mayer, Th. Finanzkrise: Brauchen wir eine bessere Finanzaufsicht? ifo Schnelldienst 18/2007, 3 ( )

Micklitz, H. Zur Notwendigkeit eines neuen Konzepts für die Fortentwicklung des Verbraucherrechts, VuR 2003, 2 ( )

Mitropoulos, S. Verbraucherpolitik in der Marktwirtschaft, Berlin 1997

Münchau, W. Kernschmelze im Finanzsystem, München 2008

Nastansky, A. / Strohe, H.-G. Die internationale Finanz- und Bankenkrise und ihre wesentlichen Ursachen, WiSt 2010, 23 ( )

Nelson, P. Advertising as Information, Journal of Political Economy, Bd. 82 (1974), 729 ( )

Neubäumer, R. „Does Distribution Matter?" Ein Diskussionsbeitrag zu den Auswirkungen der Konzentration der Einkommensverteilung auf die Staatstätigkeit und die ihr zugrundeliegenden Wertvorstellungen, Jahrbuch der Wirtschaftswissenschaften, 59. Jahrgang (2008), 141 ( )

Neumann, M. Internationale Finanzkrise und die Geldpolitik der EZB, PWP 2009, 367 ( )

Nierhaus, W. Wirtschaftskonjunktur 2009: Prognose und Wirklichkeit, ifo Schnelldienst 2010, 30 ( )

Nierhaus, W. Wirtschaftskonjunktur 2010: Prognose und Wirklichkeit, ifo Schnelldienst 2011, 22 ( )

Obertreis, R. Das Vertrauen kehrt langsam zurück, Badische Zeitung vom 22.5.2009, S. 20.

Oehler, A. Zur ganzheitlichen Konzeption des Verbraucherschutzes – eine ökonomische Perspektive, VuR 2006, 294 ( )

Palandt, O (Hrsg.). Beck´sche Kurz-Kommentare Band 7, Bürgerliches Gesetzbuch, 70. Auflage, München 2011

Posner, R. Vertragliche Rechtspositionen und Rechtsbehelfe, in: Assmann / Kirchner / Schanze (Hrsg.), Ökonomische Analyse des Rechts, Tübingen 1993, 184 ( )

Prütting, H. / Wegen, G. / Weinreich, G. (Hrsg.) Bürgerliches Gesetzbuch, Kommentar, 5. Auflage, Köln 2010

Reinhart, C. / Rogoff, K. Dieses Mal ist alles anders - Acht Jahrhunderte Finanzkrisen, 3. Auflage, München 2010

Rohe, M. Anmerkungen zur Reform des Rechts der Immobilienfinanzierung, in: Grundmann u. a. (Hrsg.), Festschrift für Eberhard Schwark zum 70. Geburtstag, Unternehmensrecht zu Beginn des 21. Jahrhunderts, München 2009, S. 611 ff.

Roos, M. Die deutsche Fiskalpolitik während der Wirtschaftskrise 2008/2009, PWP 2009, 389 ( )

Roubini, N. / Mihm, S. Das Ende der Weltwirtschaft und ihre Zukunft, Frankfurt am Main 2010

Rudolph, B. Lehren aus den Ursachen und dem Verlauf der internationalen Finanzkrise, zfbf 2008, 713 ( )

Sachverständigenrat zur Begutachten der gesamtwirtschaftlichen Entwicklung Das deutsche Finanzsystem. Effizienz steigern – Stabilität erhöhen, Wiesbaden 2008

Sachverständigenrat zur Begutachten der gesamtwirtschaftlichen Entwicklung Die Zukunft nicht aufs Spiel setzen, Jahresgutachten 2009/2010, Wiesbaden 2009

Sachverständigenrat zur Begutachten der gesamtwirtschaftlichen Entwicklung Chancen für einen stabilen Aufschwung, Jahresgutachten 2010/2011, Wiesbaden 2010

Saenger, I. (Hrsg.) ZPO Handkommentar, 4. Auflage, Baden-Baden 2011

Samuelson, P. / Nordhaus, W. Volkswirtschaftslehre, Landsberg am Lech 2005

Sanio, J. Die Zukunftssorgen der Vorwegnehmer, Die Bank 4/2011, 36 ( )

Schäfer, H.-B. / Ott, C. Lehrbuch der Ökonomischen Analyse des Zivilrechts, 4. Auflage, Berlin; Heidelberg; New York 2005

Schalast, C. Veräußerung von Einzelforderungen (Single Names) und Portfolios notleidender Kredite – Markttrends und Entwicklungen, BKR 2006, 193 ( )

Schalast, C. Das Risikobegrenzungsgesetz – Konsequenzen für die Kreditvergabe und für Kredittransaktionen, BB 2008, 2190 ( )

Schimansky, H. Verkauf von Kreditforderungen und Unterwerfung unter die sofortige Zwangsvollstreckung, WM 2008, 1049 ( )

Schmidt, A. (Hrsg.) Hamburger Kommentar zum Insolvenzrecht, 3. Auflage, Münster 2009

Schmitz, A. Die Erneuerung vorantreiben, Die Bank 4/2011, 28 ( )

Schütte, M. Lehren aus der Finanzkrise: Was ist zu tun? ifo Schnelldienst 3/2009, 17 ( )

Sinn, H.-W. ifo Standpunkte, Nr. 103 „Deflation oder Inflation?“, München 2009

Sinn, H.-W. Kasino-Kapitalismus. Wie es zur Finanzkrise kam und was jetzt zu tun ist, Berlin 2009

Sokolowski, P. Die Abtretbarkeit der Sicherungsgrundschuld nach der Neuregelung durch das Risikobegrenzungsgesetz, JR 2009, 309 ( )

Strünck, C. Die Verbraucherpolitik braucht Pragmatismus statt wirklichkeitsferner Leitbilder, Wirtschaftsdienst 2011, 165 ( )

Teigelack, L. Heuschrecken und Häuslebauer, Bucerius Law Journal 2008, 143 ( )

Trommsdorff, V. Konsumentenverhalten, 5. Auflage, Stuttgart 2003

Von der Vring, Th. Bilanz der Lohnzurückhaltung 2000-2007 im volkswirtschaftlichen Kreislauf Deutschlands, WSI 2009, 319 ( )

Vorwerk, V. Schutz in der Finanzkrise – welche Rechte hat der Verbraucher? NJW 2009, 1777 ( )

Wellenhofer, M. Das Recht der Sicherungsgrundschuld nach dem Risikobegrenzungsgesetz, JZ 2009, 1077 ( )

Winkhaus, H.-D. Nach der Bankenkrise - was ist zu tun? in: Festschrift anlässlich des 50-jährigen Bestehens des Forschungsinstitutes für Wirtschaftsverfassung und Wettbewerb e.V. (Hrsg.), Wettbewerbspolitik und Kartellrecht in der Marktwirtschaft, Köln 2010, S. 115 ff.

Wöhe, G. Einführung in die Allgemeine Betriebswirtschaftslehre, 24. Auflage, München 2010

Woll, A. Volkswirtschaftslehre, 15. Auflage, München 2007

FSC
www.fsc.org
MIX
Papier | Fördert
gute Waldnutzung
FSC® C083411

Kolibri 360 GmbH
Ferdinand-Jühlke-Straße 7
99095 Erfurt, Deutschland
produktsicherheit@kolibri360.de